Yehua Tianranqi (LNG) Keche
Shiyong yu Weixiu Shouce

液化天然气（LNG）客车
使用与维修手册

金柏正　朱国军　◎编著

人民交通出版社股份有限公司
China Communications Press Co.,Ltd.

内 容 提 要

本书是从事客车维修工作几十年的高级技术人员维修经验的总结。全书共分六章，内容包括：LNG（液化天然气）知识介绍，LNG发动机专用装置的构造与工作原理，LNG客车的正确使用，LNG发动机的维修技术规范，LNG装置的检测规程，LNG发动机常见故障及案例分析。

本书适合从事LNG客车（含公交客车）生产、使用和维修的专业人员使用，也可作为汽车使用与维修专业人员的培训、教学参考用书。

图书在版编目（CIP）数据

液化天然气（LNG）客车使用与维修手册／金柏正，朱国军编著．--北京：人民交通出版社股份有限公司，2014.7

ISBN 978-7-114-11526-4

Ⅰ．①液… Ⅱ．①金… Ⅲ．①液化天然气－客车－使用方法－技术手册②液化天然气－客车－车辆修理－技术手册 Ⅳ．①U469.1-62

中国版本图书馆CIP数据核字（2014）第151640号

书　　名：液化天然气（LNG）客车使用与维修手册
著 作 者：金柏正　朱国军
责任编辑：林宇峰　李　洁
出版发行：人民交通出版社股份有限公司
地　　址：（100011）北京市朝阳区安定门外外馆斜街3号
网　　址：http://www.chinasybook.com
销售电话：（010）59757973
总 经 销：人民交通出版社股份有限公司发行部
经　　销：各地新华书店
印　　刷：北京鑫正大印刷有限公司
开　　本：787×1092　1/16
印　　张：10.5
字　　数：194千
版　　次：2014年7月　第1版
印　　次：2014年7月　第1次印刷
书　　号：ISBN 978-7-114-11526-4
印　　数：0001－4000册
定　　价：36.00元

前言 QIANYAN

液化天然气(LNG)客车以其优异的环保性、经济性和良好的安全性、使用性得以迅速推广应用,利国、利民又利企。但是客车生产厂、大专院校和维修行业都没有编写出版 LNG 客车使用与维修的作业指导书,使用与维修人员对 LNG 客车知之甚少。LNG 是一种超低温液体燃料,易蒸发、易泄漏、易燃烧,只有了解掌握它的特性,正确使用与维修,才能发挥其安全、清洁、经济的最大价值。杭州长运运输集团有限公司是交通运输部文明企业,有着强烈的社会责任感。以教授级高级工程师金柏正同志率领的汽车维修技术团队,2011 年曾编写出版了《客车维修问答与经典案例分析》一书,获得业界好评。经过三年来对 LNG 客车使用与维修的研究和实践总结,团队掌握了规范的使用与维修操作方法,为此编著了《液化天然气(LNG)客车使用与维修手册》一书,与同行分享相关知识和经验,愿为行业贡献绵薄之力。

本书由金柏正主编,其中第一、二、三章由金柏正编写,第四、五章由朱国军和金柏正编写,第六章由金柏正、朱国军、金文华、黄红军、俞文生、张铭健、屠焕强、赵小龙、李姚春编写。

本书在编写过程中得到了很多单位和同行的支持,在此要特别感谢宇通客车、查特公司、富瑞特装公司、潍柴、玉柴、苏汽集团卢汉成和杭州长运李西蒙、俞富强等同志的大力帮助。

作　者

2014 年 5 月

目录 MULU

第一章　LNG(液化天然气)知识介绍

第一节　LNG 的一般特性

液化天然气(LNG)是气态天然气(CNG)经过净化处理,脱除重质烃、硫(S)及硫化物、水(H_2O)和二氧化碳(CO_2)等杂质后,在常压下气态天然气经深冷至 -162℃,或经预冷与加压相结合的方式使其液化(天然气在常温下不能通过加压液化,将温度降到 -80℃以下才能在一定压力下液化),而凝结成液体形式(图 1-1)。

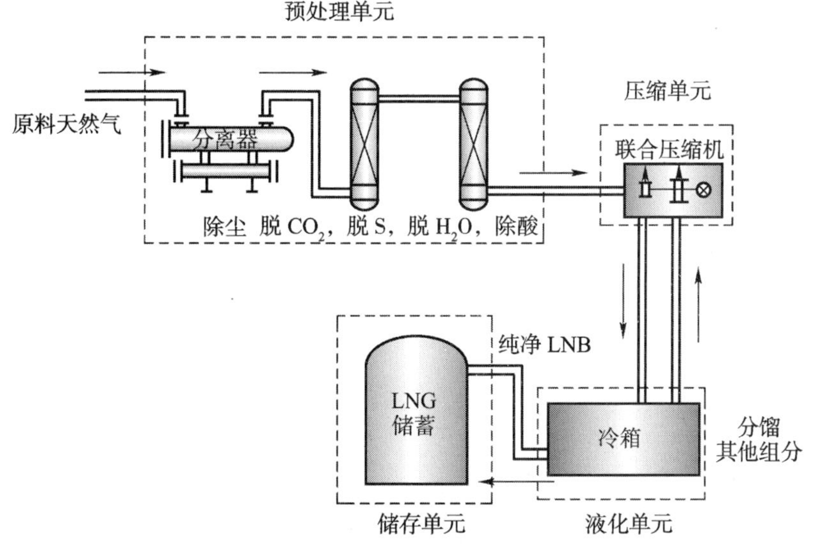

图 1-1　天然气液化处理示意图

一、LNG 的物理特性

LNG 是无色、无味、无毒且无腐蚀性的液体(图 1-2),它的主要成分是甲烷(CH_4),其密度为 0.43 ~ 0.47kg/L,密度的大小取决于其组分,CH_4 的含量越高,其密度越小。LNG 的体积约为同质量 CNG 体积的 1/600(图 1-3)。常态下 CNG 的密度是 0.75 ~ 0.80kg/m^3,而空气的密度为 1.205kg/m^3(在 20℃,标准大气压时),CNG

的密度仅为空气密度的60%,所以在大气中GNG很快就飘浮上升了。LNG是将CNG净化深冷化成的液体,它是一种清洁、优质的燃料。

1. 主要成分(图1-4)

LNG是以CH_4为主要组分的烃类混合物,主要由CH_4(75%~99%)和少量的乙烷(C_2H_6)(15%~0.5%)、丙烷(C_3H_8)(5%~0.1%)及丁烷(C_4H_{10})(小于1%)等组成,其燃烧后的主要排放物是CO_2和H_2O。

图1-2 LNG

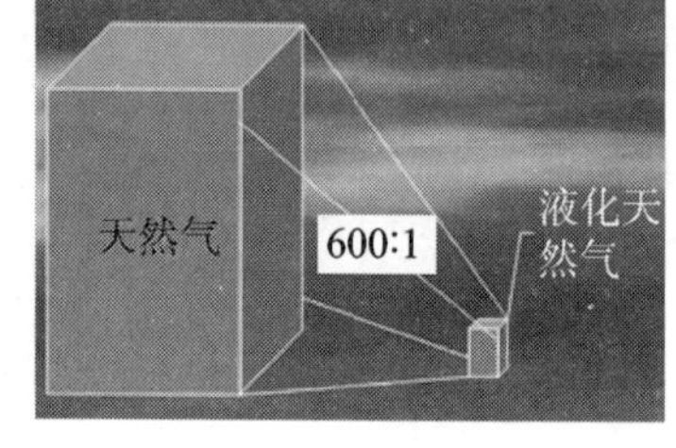

图1-3 同质量CNG与LNG体积对比图

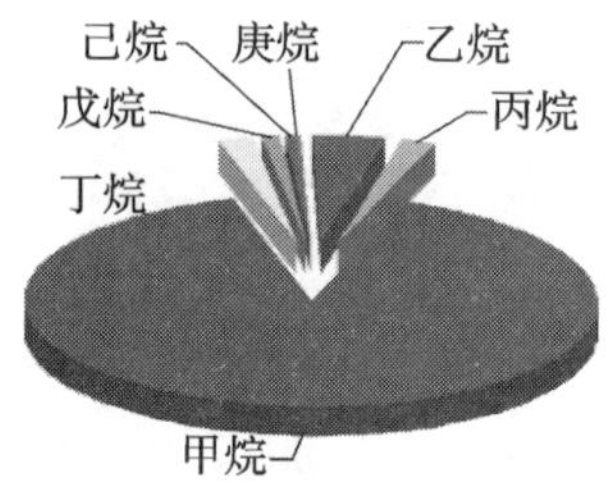

1-4 LNG主要成分示意图

LNG的性质因其组分不同会发生一定的变化。表1-1是三组不同成分的LNG的性质对比表。

三组不同成分LNG常压泡点下的性质对比表 表1-1

组成(摩尔分数)(%)	组成1	组成2	组成3
N_2	0.5	1.79	0.36
CH_4	97.5	93.9	87.20
C_2H_6	1.8	3.26	8.61
C_3H_8	0.2	0.69	2.74
iC_4H_{10}		0.12	0.42
nC_4H_{10}		0.15	0.65
C_5H_{12}		0.09	0.02
相对分子质量(kg/kmol)	16.41	17.07	18.52
泡点温度(℃)	-162.6	-165.3	-161.3
密度(kg/m^3)	431.6	448.8	468.7
0℃ 101325Pa条件下单位体积液体生成的气体体积(m^3/m^3)	590	590	568
0℃ 101325Pa条件下单位质量液体生成的气体体积($m^3/10^3kg$)	1367	1314	1211

目前汽车发动机常用的燃料有柴油、汽油、天然气和液化石油气(LPG),这些常用燃料的特性不同,其燃烧方式也不同。汽油、天然气和液化石油气燃料都采用点燃式燃烧,而柴油是压燃式燃烧。汽车发动机常用燃料特性见表1-2。

汽车常用燃料特性对比表　　表 1-2

燃料种类	天然气	液化石油气	柴油	汽油
主要成分	CH_4	C_3H_8	$C_{16}H_{34}$	C_8H_{18}
常态下密度(kg/m^3)	0.75～0.80(气态)	580	830	720～750
沸点(℃)	-162	-100	170～350	30～190
理论空燃比(kg/kg)	17.2:1		14.3:1	14.8:1
低热值(MJ/kg)	48.66	50.18	42.65	43.07
辛烷值(RON)	130	100～110	23～30	90～98
十六烷值	0		40～60	27
燃烧极限(体积)(%)(*V/V*)	5～15	1.5～9.5	1.58～8.2	1.3～7.6
自燃温度(常压下)(℃)	650	490	220	427
闪点(℃)	-43		-187	60

注:(1)辛烷值。指与汽油抗爆性相同的标准燃料所含异辛烷的体积分数。

(2)低热值。低热值就是低位发热量。高位发热量是指 1kg 燃料完全燃烧时放出的全部热量,包括烟气中水蒸气已凝结成水所放出的汽化潜热。从燃料的高位发热量中扣除烟气中水蒸气的汽化潜热,称为燃料的低位发热量。

2. LNG 的沸点

1)沸点

沸点是液体发生沸腾时的温度,即物质由液态转变为气态的温度。沸腾是在一定温度下液体内部和表面同时发生的剧烈汽化现象。沸点随外界压力变化而改变,压力低,沸点也低;压力高,沸点也高。

2)饱和

在一个闭式空间内存放的液体,单位时间内由液体汽化成气体的分子数,与气体凝结成液体的分子数一致,我们称该液体/气体处于饱和状态。该状态下的温度和压力称为饱和温度和饱和压力。饱和状态是一个临界状态,瞬间失压或加入能量,液体会沸腾,直到重新达到平衡。反之,饱和状态的液体在瞬间加压或抽取能量的瞬间,气相空间内的气体会被冷凝。

3)饱和蒸气压

在一定温度下,与液体或固体处于相平衡的蒸气所具有的压力称为饱和蒸气压。

当液体沸腾时,在其内部所形成的气泡中的饱和蒸气压必须与外界施予的压力相等,气泡才有可能长大并上升,所以,沸点也就是液体的饱和蒸气压等于外界压力的温度。液体的沸点跟外部压力有关。当液体所受的压力增大时,它的沸点升高;压力减小时,沸点降低。例如,蒸气锅炉里的蒸气压力,约有几十个大气压,锅炉里的水的沸点可在 200℃ 以上。又如,在高原地区上煮饭,水易沸腾,但饭不易熟。这是由于大气压随地势的升高而降低，水的沸点也随高度的升高而逐渐下降。在海拔1900m 处，大气压约为 79.8kPa(600mmHg)，水的沸点是 93.5℃。

LNG 的饱和压力是在给定压力下，与液相平衡的蒸气压力。LNG 饱和压力、密度随饱和温度而变化，如图 1-5 所示。

由图 1-5 可知：

(1)在给定温度下，液化天然气对应一定的饱和压力；不同温度下，LNG 的饱和压力不同(图 1-6)。

(2)调压过程中，饱和温度越高，LNG 的对应饱和压力也越高，LNG 的密度越小。

因为 LNG 的沸点很低(图 1-7)，1 标准大气压时约为 -162℃(LNG 的沸点取决于其组分，在 1 标准大气压时通常在 $-166 \sim -157$℃)，所以通常称 LNG 是沸腾液体。液体的沸点随压力的变化而变化，LNG 沸腾温度(沸点)随蒸气压力的变化梯度约为 1.25×10^{-4}℃/Pa。

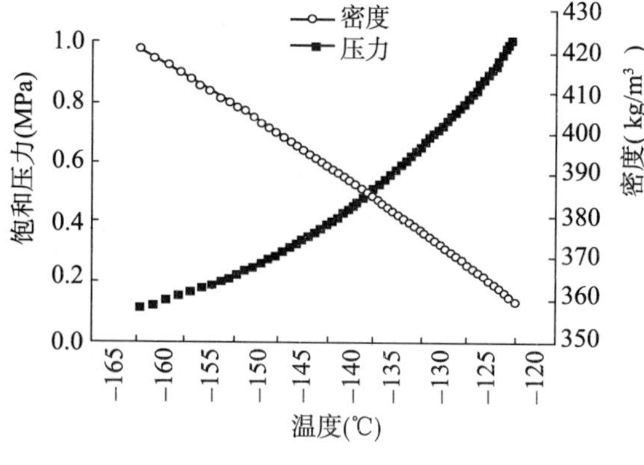

图 1-5 LNG 饱和压力、密度随饱和温度的变化

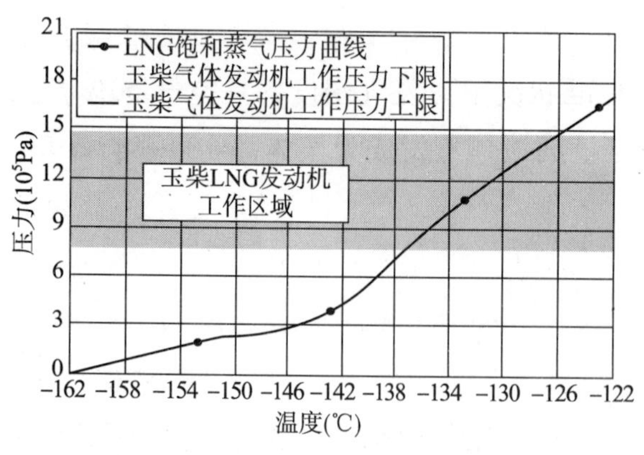

注:图中的压力是指在标准大气压下的表压数值(即相对值)。

图 1-6 LNG 饱和蒸气压力曲线图

— 100℃1标准大气压下水的沸点

— 43℃夏季的高温天气

— 0℃1标准大气压下水的凝点

— -28℃冬季寒冷地区的常见低温

— -87.8℃南极最低的气温记录

— -100℃低温工程的起点

— -162.5℃1标准大气压下天然气的沸点

— -173℃月球阴影区温度

— -196℃1标准大气压下氮气的沸点

— -252.8℃1标准大气压下氢气的沸点

— -268.8℃1标准大气压下氦气的沸点

— -273.15℃理论绝对零度

图 1-7 LNG 沸点示意图

在不同的压力条件下，LNG 的沸点温度见表 1-3。

不同压力下 LNG 的沸点温度 表 1-3

压力(MPa)	LNG 的沸点温度(℃)	压力(MPa)	LNG 的沸点温度(℃)
0.1	-162	0.6	-134
0.2	-152	0.86	-127
0.5	-138		

3. 压力单位的换算

英制(IP) psi(磅/平方英寸)

米制(metric) kg/cm^2(千克/平方厘米)

ISO 米制(ISO metric) Pa(帕),bar(巴)

1MPa = 1000kPa = 145psi

1bar = 100000Pa = 100kPa = 0.1MPa

$1kg/cm^2$ = 98.067kPa = 0.9806bar

1bar = $1.02kg/cm^2$

二、LNG 的低温特性

1. 隔热保冷

LNG 系统的保冷隔热材料应满足导热系数低,密度低,吸湿率和吸水率小,抗冻性强,并在低温下不开裂,耐火性好,无气味,不易腐烂,对人体无害,机械强度高,经久耐用,价格低廉,方便施工等。

2. 蒸发特性

LNG 作为沸腾液体储存在绝热储罐中,外界任何传入的热量都会引起一定量液体蒸发成气体,这就是蒸发气(BOG)。标准状况下蒸发气密度约是空气 60%。当 LNG 压力降到沸点压力以下时,将有一定量的液体蒸发成为气体,同时液体温度也随之降低到其在该压力下的沸点,这就是 LNG 闪蒸。由于压力/温度变化引起的 LNG 蒸发产生的蒸发气处理是液化天然气储存运输中经常遇到的问题。

3. 泄漏特性

LNG 泄漏到地面,起初迅速蒸发,当热量平衡后便降到某一固定的蒸发速度。当 LNG 泄漏到水中会产生强烈的对流传热,在一定的面积内蒸发速度保持不变,随着 LNG 流动泄漏面积逐渐增大,直到气体蒸发量等于漏出液体所能产生的气体量为止。泄漏的 LNG 以喷射形式进入大气,同时进行膨胀和蒸发,与空气进行剧烈的混合。

4. 储存特性

1)分层

LNG 是多组分混合物,因温度和组分的变化引起密度变化,液体密度的差异使气瓶内的 LNG 发生分层。

2)翻滚

若 LNG 已经分层,上层液体吸收的热量一部分消耗与液体表面所需的潜能,其余热量使上层液体温度升高。随着蒸发的持续,上层液体密度增大,下层液体密度减小,当上下两层液体密度接近相等时,分界面消失,液层迅速混合并伴有大量液体蒸发,此时蒸发率远高于正常蒸发率,出现翻滚。

3)快速相态转变(RPT)

两种温差极大的液体接触,若热液体温度比冷液体温度沸点温度高 1.1 倍,则冷液体温度上升极快,表层温度超过自发成核温度(当液体中出现气泡),此过程冷液体能在极短时间内通过复杂的链式反应机理以爆炸速度产生大量蒸气,这就是 LNG 或液氮与水接触时出现的 RPT 现象的原因。

三、LNG 的生理影响

LNG 蒸气是无毒的,但天然气是一种窒息剂。空气中氧气含量通常占空气体积的 20.9%,当大气中的氧气含量低于 18% 时,会引起窒息。在没有充分的保护下,人在低于 10℃ 环境下待久后,随着体温下降生理功能和智力活动下降。呼吸低温蒸气有损健康,短时间内导致呼吸困难,长时间就会产生严重的后果。当空气中的氧含量逐渐降低时,操作人员没有一点感觉,也没有任何警示。虽然 LNG 蒸气没有毒性,但其中含氧量低,使人窒息。如果吸入纯 LNG 蒸气,会迅速失去知觉,几分钟后会死亡。正常人暴露在体积分数为 9% 的甲烷环境中没有什么不良反应,但在空气中含高浓度天然气时由于缺氧会产生恶心和头晕。如果吸入过量天然气会引起缺氧窒息,当天然气的体积分数达到 50% 以上,会对人体产生永久性伤害。

LNG 接触到皮肤时,可造成与烧伤类似的起疱灼伤。从 LNG 中漏出的气体也非常冷,并且能致灼伤。如暴露于这种寒冷气体中,即使时间很短,不足以影响面部和手部的皮肤,但是,像眼睛一类脆弱的组织仍会受到伤害。人体未受保护的部分不允许接触装有 LNG 而未经隔离的管道和容器,这种极冷的金属会粘住皮肉而且拉开时将会将其撕裂。

作业时必须使用防护服。当处理 LNG 时,如果预见到将暴露于 LNG 的环境之中,则应使用合适的面罩或安全护目镜以保护眼睛。操作任何物品时,如其正在或已经与寒冷的液体或气体接触,则应一直戴上皮手套。应戴宽松的手套并在接触到溅落的液体时能够迅速脱去。即使戴上手套,也只应短时间握住设备。

防护服或者类似的服装应是紧身的,最好是没有口袋也没有卷起的部分,裤子也应穿在鞋或靴子的外面。当防护服被寒冷的液体或蒸气附着后,穿用者在进入狭窄的空间或接近火源之前应对其进行通风处理。操作者应该明白,防护服只是在偶然出现 LNG 溅落时起保护作用,应避免与 LNG 直接接触。

四、LNG 工业中应用的材料

最常用的建筑材料暴露在极低温度条件下时,将因脆性断裂而失效。尤其是碳钢的抗断裂韧性在 LNG 温度下(-160℃)是很低。因此用于 LNG 接触的材料应当验证其抵抗脆性断裂性能。

直接接触 LNG 而不会变脆的主要材料及其一般应用列于表 1-4 中,该表尚不完全。

用于直接接触 LNG 的主要材料及其一般应用　　表 1-4

材　料	一般应用
不锈钢	储罐、卸料臂、螺母与螺栓、管道和附件、换热器
镍合金、镍铁合金	储罐、螺母与螺栓
铝合金	储罐、换热器
铜和铜合金	密封件、垫片
混凝土(预应力)	泵套管
石棉,弹性材料	电绝缘
环氧树脂	泵套管
玻璃钢	泵套管
石墨	密封件,填料盒
氟乙烯丙烯(FEP)	电绝缘
聚四氟乙烯(PTFE)	密封件件,填料盒,磨损面
聚三氟一氧乙烯(Kel F)	磨损面
斯太立特硬质合金	磨损面

注:(1)石棉不宜用新装置中。

(2)斯太立特硬质合金(Stelite):Co 55% ,Cr 33% . W 10% ,C 2% 。

由于铜、黄铜和铝的熔点低且遇到溢出的 LNG 着火时将失效,因此倾向于使用不锈钢或含镍 9% 的钢材。液化装置的管式、板式换热器使用冷箱(钢制)加以保护。铝材常用于换热器,还可用于内罐的吊顶。经过特别设计用于液态氧或液态氮的设备,通常也适用于 LNG。

五、其他特点

LNG 汽车还有动力性良好、续驶里程长、可使用性好的优点。

(1)动力性良好——从平坦道路上行驶时 LNG 车辆与柴油机车辆没有明显差别,加速性良好,运行平稳,但上坡道路运行时会略显动力不足。

(2)续驶里程长——装载一个 495L LNG 气瓶的 12m 客车可以确保行驶 700km。

以气瓶的利用率为 85%,密度为 0.426kg/L 计算:储液量为 495L × 85% × 0.426kg/L = 179kg,按 22kg/100km LNG 的消耗量计算,可行驶里程为 179kg/22kg/100km = 813km。如果选用双气瓶(380L × 2 = 760L),则可行驶 1000km 以上(760L × 85% × 0.426kg/L/22kg/100km = 1250km)。

(3)可使用性好——LNG 作为车用的优质燃料,与汽油、柴油相比,它不仅具有辛烷值高、抗爆性好、燃烧完全、排放污染少等优点。即使与 CNG 客车比较,它也具有储存效率高、续驶里程长、车载气瓶压力低、数量少、质量轻、安全性能好等优势。采用 LNG 大型槽罐车可长距离运送、存储,并且建 LNG 加注站不受供气管网的限制等优越之处,如采用 LNG 撬装站和 LNG 流动加注车,使 LNG 的推广应用方式更灵活、范围更广,因此推广 LNG 客车更具有可使用性。

第二节 LNG 的安全性能

一、LNG 安全性高

LNG 的安全性能包括 LNG 的使用安全性能和 LNG 客车供气系统安全保障性能。

与气态天然气(CNG)的存储压力 20MPa 相比,LNG 气瓶压力仅为 1.60MPa[设计压力为 1.60MPa,但为了减少超压排气浪费燃料,查特深冷工程系统(常州)有限公司(以下简称查特公司)和富瑞特种装备股份有限公司(以下简称富瑞公司)生产的气瓶出厂时分别调整到 1.93MPa 和 1.91MPa],存储压力小,安全性更高。同时,LNG 气瓶外部管路、阀件都设置在气瓶一端,其燃料供给系统装有过流保护、稳压阀、安全阀以及漏气报警等安全装置,与汽油车、柴油车非压力容器油箱相比,因车辆碰撞或翻覆,造成失火或爆炸的风险更小。

低温车载气瓶经过耐高温和低温试验、撞击试验、车载模拟试验等严格检验,即使发生交通事故后也很难出现LNG泄漏问题。LNG一旦泄漏立即挥发扩散,不易聚集发生爆燃现象。天然气爆燃浓度的体积分数为5%～15%,因CNG的密度仅为空气的60%,LNG汽化后在大气中快速扩散,所以在自然环境中引发爆燃十分困难。

LNG燃料稳定性好,拥有不易引燃的高燃点,其燃点为650℃(汽油燃点为427℃,柴油燃点为220℃),极强的逸散性,不易发生爆燃。而且天然气的燃烧速度较低,其最快燃烧速度只有0.3m/s。天然气作为车用燃料,比液化石油气(LPG)和汽油、柴油车辆更安全(表1-5)。

LNG与CNG、汽柴油安全性比较　　表1-5

	LNG	CNG	汽油、柴油
气瓶压力(MPa)	1.91	20	常压
燃烧浓度(体积分数)(%)	5～15		汽油1～5 柴油0.5～4.1
燃点(℃)	650		柴油220 汽油427
泄漏报警	泄漏时易检测报警		没有检测报警系统

注:北京公交2002年使用查特公司气瓶一直良好。

LNG泄漏易监控,可安装燃气泄漏报警(甲烷报警器)装置,当发生泄漏达到报警浓度时,蜂鸣器即自动报警发出蜂鸣声,同时报警灯点亮,从而及时提醒驾驶员或修理工可快速消除安全隐患。

查特公司对LNG车用气瓶经过了多种状态下的严格测试,如在美国进行的各口径枪击测试,以及下面各项测试验证(图1-8～图1-12),可以做到安全排放,并且不超压。

图1-8　10m高度的跌落试验

图1-9　气瓶口侧3m高的跌落试验

图 1-10　气瓶火烧试验

图 1-11　气瓶 10h 不间断振动测试

图 1-12　公交车燃烧爆炸模拟测试（在波兰完成）

我国自 2009 年推广使用 LNG 汽车以来，使用至今没有因汽车发生交通事故后 LNG 供气系统而引发重大的次生事故。全国虽曾发生了几起 LNG 客车的火灾事故，但车用气瓶都是安然无事（图 1-13）。

图 1-13　某客运公司一辆客车因电器故障发生火灾，全车烧毁，但车用气瓶安然无恙

二、LNG 的缺点——易蒸发、易泄漏、易燃和窒息性

LNG 是经深冷、加压后实现液化的，它是一种沸腾液体储存在气瓶中，由于受气瓶保温的局限性，当任何外界传入的热量，都会引起一定量的 LNG 蒸发为气体。通常情况下气瓶压力为 0.7～1.6MPa。当 LNG 发生泄漏时，泄漏的 LNG 以喷射形式进入大气，然后迅速蒸发膨胀，与空气剧烈混合，如遇明火易燃。在空气中含有高浓度的天然气时，尤其是天然气含量达到 40% 时，人处在这种缺氧环境中会感觉到恶

心和头晕,导致昏迷,甚至窒息。

1. 泄漏、溢出和膨胀

当溢出情况发生时,少量的 LNG 能产生大量的气体,并与空气混合形成可燃的混合物,当体积分数达到 5% ~15% 时一遇明火就会发生爆燃,所有 LNG 溢出的附近存在发生火灾的危险(图 1-14)。

溢出时,最初蒸发气体的温度几乎与 LNG 的温度一样,其密度比周围空气的密度大。这种气体首先沿地面的一个层面流动,气体从大气中吸热升温,LNG 的温度上升到约 -80℃(与组分有关),使得其密度比周围空气密度小时,这种混合物将向上飘动。

随着 LNG 的溢出,由于大气中蒸气的冷凝作用将产生"雾云"(图 1-15)。当这种"雾云"可见时,此种可见"雾云"可用来显示蒸发气体运动,并且给出气体与空气混合物可燃性范围的保护指示。

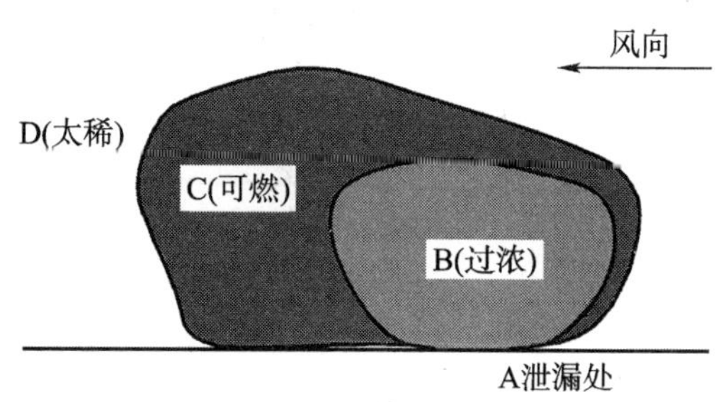

图 1-14　LNG 泄漏危险区

图 1-15　LNG 溢出产生的"雾云"

2. 爆炸与火灾

LNG 泄漏时能产生大量的气体,并与空气混合形成可燃的混合物,当体积分数达到 5% ~15% 时,一遇明火就会发生爆燃(图 1-16)。根据燃烧的条件——可燃物、助燃物、着火源,其中任何一个条件不具备,燃烧就不能进行。虽然 CNG 的密度只是空气的 60%,一般情况下很快向空中飘散,因此防范明火是安全重点。LNG 遇水时会产生冷爆炸,当温度不同的两种液体在一定的条件下接触时,可产生爆炸力。当 LNG 泄漏与水接触时,水与 LNG 之间产生非常高的热传递速率,LNG 将剧烈地沸腾并伴随巨大的响声、喷出水雾,导致 LNG 蒸气爆炸。

图 1-16　LNG 遇明火"爆燃"

3. 低温灼伤和低温冻伤(图 1-17)

与低温物体接触后,由于皮肉组织含有水分,受冻后变脆。如果皮肤的表面潮湿,皮肤就会粘在低温物体表面。当戴湿手套工作时应特别注意,低温液体黏度很低,它们会比其他液体(如水)更快地渗进纺织物或其他衣料里去。

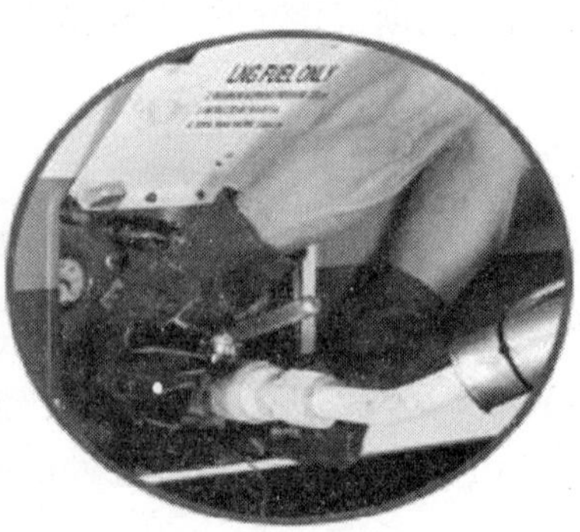

图 1-17　LNG 低温灼伤和冻伤

熟悉和掌握 LNG 的基本特性,有利于正确认识来自 LNG 的危险和进行人身安全保护。充分了解和掌握 LNG 的危险性,有利于我们更好的正确使用和做好安全防护。从业人员必须掌握防火工作的“三懂三会”,即:懂火灾危险性、懂预防措施、懂扑救方法;会报警、会使用灭火器材、会扑救初期火灾。

第三节　LNG 客车的环保性

LNG 发动机与同等功率柴油机相比,具有很好的环保性能。发动机的环保特性主要是尾气排放和噪声。

一、尾气排放更清洁

经试验检测,LNG 发动机与相同功率柴油机的各排放物对比数据见表 1-6。

LNG 发动机与相同功率柴油机的各排放物对比　　表 1-6

发动机	使用燃料	各种污染物排放值(g/kWh)			
		CO	HC	NO_X	PM
柴油机	柴油	0.934	0.464	4.85	0.085
LNG 发动机	LNG	0.145	0.056	4.13	0.00
减少排放比例(%)		84.40	87.90	14.40	100

LNG 发动机其排放的主要物质是 CO_2 和 H_2O,完全达到国Ⅳ排放标准。只要适当优化发动机燃烧系统和尾气氧化催化器就能达到国Ⅴ排放标准,提升改进的技术成本只几千元。天然气称为清洁能源就名符其实了。

《车用压燃式、气体燃料点燃式发动机与汽车排气污染物排放限值及测量方法

(中国Ⅲ、Ⅳ、Ⅴ阶段)》(GB 17691—2005)第7.2.1条款中对国Ⅲ、国Ⅳ、国Ⅴ发动机的排放规定见表1-7和表1-8。

ESC和ELR试验限值 表1-7

阶段	一氧化碳(CO)[g/(kW·h)]	碳氢化合物(HC)[g/(kW·h)]	氮氧化物(NO_X)[g/(kW·h)]	颗粒物(PM)[g/(kW·h)]	烟度(m^{-1})
国Ⅲ	2.1	0.66	5.0	0.10 0.13①	0.8
国Ⅳ	1.5	0.46	3.5	0.02	0.5
国Ⅴ	1.5	0.46	2.0	0.02	0.5

注:①对每缸排量低于0.75dm^3及额定功率转速超过3000r/min的发动机。

ETC试验限值 表1-8

阶段	一氧化碳(CO)[g/(kW·h)]	非甲烷碳氢化合物(NMHC)[g/(kW·h)]	甲烷(CH_4)①[g/(kW·h)]	氮氧化物(NO_X)[g/(kW·h)]	颗粒物(PM)②[g/(kW·h)]
国Ⅲ	5.45	0.78	1.6	5.0	0.16 0.21③
国Ⅳ	4.0	0.55	1.1	3.5	0.03
国Ⅴ	4.0	0.55	1.1	2.0	0.03

注:①仅对NG发动机。
②不适用于第Ⅲ、Ⅳ、Ⅴ阶段的燃气发动机。
③对每缸排量低于0.75dm^3及额定功率转速超过3000r/min的发动机。

二、噪声低

同类型的LNG发动机比柴油机的噪声降低了7dB,振动小,更好地提高了驾乘人员的舒适性。

三、LNG是一种无色、无味、无毒且无腐蚀性的液体

LNG万一泄漏后很快汽化蒸发,CNG的密度只有空气密度的60%,快速向上飘散到大气中,不会对自然环境造成危害。

四、温度高

LNG发动机舱内的温度要比同等功率柴油机的温度高约10℃,从而导致发动机进气温度升高,偏离发动机最佳工作温度,引起动力性下降和燃气消耗增加。要通过进气格栅和后舱格栅的优化,提升冷却气流速度,改善发动机舱的散热性能,达到降低进气温度,进而减少燃气消耗的效果。为此要求客车厂在设计发动机冷却系统和机舱隔热、散热功效时要更胜一筹,同时发动机舱内部件的耐高温性要求更高。

第四节 LNG 客车的经济性

一、LNG 客车的经济性优

同样排量、同样工况的 LNG 客车比柴油车节约燃料成本 25% ~30% 以上。按目前国内 LNG 市场供应价 5.7 元/kg(同期 0 号柴油价 7.55 元/L)计算，通常 6120 系列 LNG 客车与同类型柴油机客车燃料消耗对比情况见表 1-9。

LNG 客车与同类型柴油机客车燃料消耗对比 表 1-9

项　目	柴油机客车	LNG 客 车	备　注
2013 年 4 月单价	7.55 元/L	5.7 元/kg	
车日行程(km)	600		
平均单耗	23L/100km	22kg/100km	
燃料成本(元/天)	1041.90	718.20	
年燃料成本(元)	364665	263340	按 350 天工作量计算
年节约燃料成本(元)	LNG 车节约 101325		

二、LNG 发动机的排放升级成本较低

2013 年 7 月 1 日全国大部分省份实施了新车国Ⅳ排放标准要求(柴油机必须达到国Ⅳ排放标准，而天然气发动机则要求达到国Ⅴ标准)。同功率的国Ⅳ排放的柴油机购置成本比国Ⅲ排放的柴油机还将提高 3 万元/台，而国Ⅴ排放天然气发动机与国Ⅳ排放天然气发动机价格只增了几千元。

国家环境保护部 2011 年第 92 号《关于实施国家第四阶段车用压燃式发动机与汽车污染物排放标准的公告》规定，自 2013 年 7 月 1 日起，所有生产、进口、销售和注册登记的车用压燃式发动机与汽车必须符合国Ⅳ标准的要求。

国家环境保护部 2012 年第 68 号《关于实施国家第五阶段气体燃料点燃式发动机与汽车排放标准的公告》规定，自 2013 年 1 月 1 日起，所有生产、进口、销售和注册登记的气体燃料点燃式发动机与汽车必须符合国Ⅴ标准的要求。

中华人民共和国国家发展和改革委员会(以下简称国家发改委)于 2013 年 9 月 23 日宣布燃油升级时间表及燃油提价幅度。力争在 2013 年底前，全国供应符合国家第四阶段(国Ⅳ)标准的车用汽油，在 2014 年底前，全国供应符合国家第四阶段(国Ⅳ)标准的车用柴油，在 2015 年底前，京津冀、长三角、珠三角等区域内重点城市

全面供应符合国家第五阶段(国Ⅴ)标准的车用汽油、柴油,在2017年底前,全国供应符合国家第五阶段标准的车用汽油、柴油。

国Ⅳ排放要求的柴油比国Ⅲ排放要求的柴油提价0.32元/L,国Ⅴ排放要求的柴油比国Ⅳ排放要求的柴油提价0.14元/L。

从2013年7月1日重型柴油机国Ⅳ排放标准开始实施。实现国Ⅳ排放标准目前主要有两种技术路线:SCR(选择性催化还原)技术路线;EGR(废气再循环)+DPF(颗粒物过滤器)技术路线。

1. SCR 技术路线

SCR技术路线主要是通过提高喷油压力,优化喷射定时,改善燃烧过程,从而降低发动机内颗粒物排放,而产生的较高氮氧化合物(NO_X)排放则采用SCR还原成氮气(N_2)和H_2O。采用SCR技术路线与国Ⅲ发动机的技术继承性、燃油经济性、燃油喷射压力、对燃油含硫敏感度等方面比EGR+DPF具有明显的技术优势,基于SCR技术的优点,以及我国燃油含硫量水平,国内大部分厂家优先选用SCR技术。

2. SCR 催化还原原理

发动机尾气从涡轮增压器出来后进入排气管,在排气管上装有尿素喷射装置,通过ECU(电子控制单元)控制尿素计量泵将尿素喷入发动机排出的废气气流中,在高温下尿素经过热解和水解后产生还原反应生成氨气(NH_3)进入SCR催化单元,在催化剂(V_2-TiO_2等)作用下,利用NH_3还原NO_X,排出N_2和H_2O,多余的氨气通过氨气催化器转化为N_2和H_2O(图1-18)。

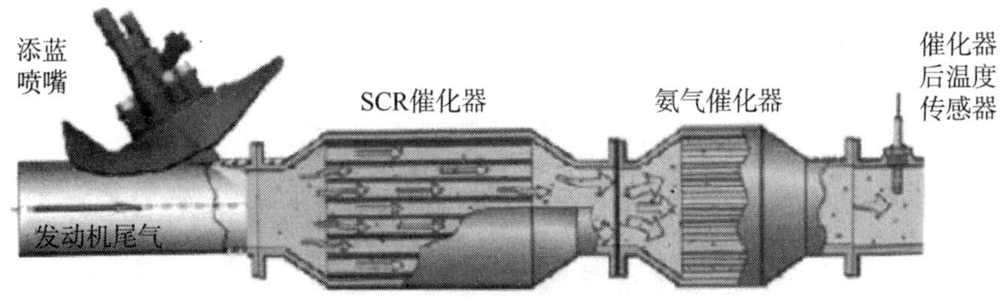

图1-18　SCR系统工作原理示意图

目前我国柴油机的技术升级路线大部分是采用SCR后处理技术,它是利用尿素(NH_4)作为NO_X催化还原剂,所以发动机工作时还要消耗尿素。对6120系列客车的柴油发动机,通常情况下尿素的单位消耗量是1L/100km,目前尿素的市场价是5元/L,因此柴油车每行驶100km需要消耗的尿素费用为5元。如果一辆6120系列的柴油客车每月平均行驶20000km,则其消耗的尿素费用每月就达1000元。

LNG客车发动机的排放完全超过国Ⅳ标准,天然气发动机排放从国Ⅳ提升为国Ⅴ要求,只需要增加一套三元催化装置,对LNG燃料没有特别要求,因此经济性会更加显现。

对于LNG价格与汽油、柴油价格的关联比,国家发改委没有明文规定,LNG的价格主要还是市场供需因素的调节,因此人们对LNG价格的稳定性比较担忧。但是目前全国沿海地区已经使用大型港口的LNG接收站已达14座,分布在广东、福建、浙江、江苏、上海、天津、大连、青岛、广西等沿海地区,而且产能规模还将进一步扩充,燃气管道已遍布全国。同时国内内陆地区已建成投产的LNG液化工厂也有40多家,根据三大油企及新兴供应商(图1-19)十二五期间LNG的发展规划,随着需求的快速增长,LNG供应完全是能够保证的。

传统供应商	 中国石油 已投产LNG接收站2座(大连、南通),在建和计划3座(天津、唐山、深圳),计划"十二五"期间建设2000座LNG加气站	 中国海油 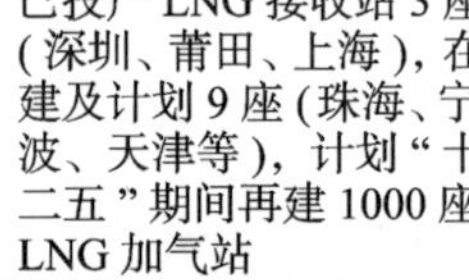 已投产LNG接收站3座(深圳、莆田、上海),在建及计划9座(珠海、宁波、天津等),计划"十二五"期间再建1000座LNG加气站	 中国石化 在建LNG接收站1座(青岛),计划2座(天津、北海),计划利用已投产的"川气东送"管道快速布局LNG加气站
新兴供应商	 新疆广汇 总部位于乌鲁木齐,在西北地区建有多个LNG液化工厂,是国内最大的陆基LNG生产供应商,在全国开展LNG业务	 新奥燃气 总部位于河北廊坊,在北海、银川、晋城建有LNG工厂,并计划在温州建设LNG接收站,在全国开展LNG业务	 中国燃气 总部位于广东深圳,中国主要的城市燃气和CNG加气站运营商之一,计划依托各地燃气公司快速布局车用LNG业务

图1-19 国内三大油企及新兴供应商

中国海洋石油总公司(简称中国海油)2014年3月27日宣布,该公司日前与法国道达尔公司签署了《液化天然气(LNG)合作协议》,将在中国天然气市场增加每年100万t长期LNG资源供应。根据协议,在已有的LNG资源购销协议基础上,双方希望将在中国天然气市场再增加每年100万t长期LNG资源供应,以及加强在LNG产业链的全面合作。2013年,中国海油LNG进口总量达1301万t,占到了中国2013年全年进口LNG总量的72%。

3. 维修成本的变化

配置LNG发动机的新车购置成本比配置柴油机的客车会增加7万~8万元/台。与柴油机相比,LNG发动机的燃料供给系统和燃烧方式都发生了变化,新车时期的日常维修成本不会有大的变化,这是山东、苏州、湖州长运集团等单位根据近3年来的使用维修实际情况已经验证的结论。但是客观上,存在发动机舱温度高、冷却系统负荷增加、火花塞易损耗、供气系统配件价格较高等问题。2002年我国第一辆LNG客车在北京公交线路上使用,这是一套由查特公司生产的车用气瓶,使用8年后报废,报废后解体检测供气系统部件,其技术状况良好。目前国内有很多车用气瓶的厂家在大批量生产,虽然生产车用气瓶的技术难度不是很大,但其原材料的质量和加工精度要求相当高,否则车用气瓶使用后的故障率会很高。大批量的车用气瓶的正常使用寿命尚不得而知(车用气瓶的质保期通常是3年),一般来说营运客车的使用周期为8～12年,多种品牌的车用气瓶其产品质量的可靠性还有待实践的检验。随着车辆新度系数的下降,后期的维修成本将会有一定增长。并且车用气瓶、压力表、安全阀的定期检测费用也是一笔不小的费用。

第五节　LNG客车发展可行性

气候变化是当今全球面临的重大挑战。遏制气候变暖,拯救地球家园,是全人类共同的使命,每个国家和民族,每个企业和个人,都应当责无旁贷地行动起来。

1990～2005年,中国单位国内生产总值CO_2排放强度下降46%。在此基础上,我们又提出,到2020年单位国内生产总值CO_2排放比2005年下降40%～45%,在如此长时间内这样大规模降低CO_2排放,需要付出艰苦卓绝的努力。我们的减排目标将作为约束性指标纳入国民经济和社会发展的中长期规划,保证承诺的执行受到法律和舆论的监督。我们将进一步完善国内统计、监测、考核办法,改进减排信息的披露方式,增加透明度,积极开展国际交流、对话与合作。

随着经济的飞速发展,我国的空气质量却是越来越差,其罪魁祸首是汽车的大量增长,因空气中废气60%来自汽车的尾气排放,利用清洁能源及节能减排已成为国家健康持续发展的前提。交通运输业是国民经济的先导,但运输企业是耗能大户,燃料成本已占运输企业总成本的40%。高铁、公路、公交、旅游、私家车等多种出行方式的竞争异常激烈,道路运输企业面临着前所未有的竞争压力。企业之间的竞争归根到底是成本的竞争。积极推广LNG汽车减排增效是利国、利民和利企的大好事,也是企业勇担社会责任的要求。

天然气是国际公认的清洁能源,其燃烧后的主要排放物是H_2O和CO_2,产生的温室气体大约只有煤炭的1/2、石油的2/3。而且全球天然气资源丰富,有望成为替代石油的主要能源。2008年全球天然气消费量已占一次性能源消耗总量的24%。汽车使用天然气的好处,主要是能够减少尾气污染、节约和替代石油资源、降低燃料成本。LNG 作为优质的车用替代燃料,其优点越来越显现。

一、有关 LNG 的法规和政策

1.《国务院关于印发大气污染防治行动计划的通知》(国发〔2013〕37 号)(简称治污"国十条")

(1)减少污染物排放。全面整治燃煤小锅炉,加快重点行业脱硫脱硝除尘改造。整治城市扬尘。提升燃油品质,限期淘汰黄标车。

(2)严控高耗能、高污染行业新增产能,提前一年完成钢铁、水泥、电解铝、平板玻璃等重点行业"十二五"落后产能淘汰任务。

(3)大力推行清洁生产,重点行业主要大气污染物排放强度到 2017 年底下降 30% 以上。大力发展公共交通。

(4)加快调整能源结构,加大天然气、煤制甲烷等清洁能源供应。

(5)强化节能环保指标约束,对未通过能评、环评的项目,不得批准开工建设,不得提供土地,不得提供贷款支持,不得供电供水。

(6)推行激励与约束并举的节能减排新机制,加大排污费征收力度。加大对大气污染防治的信贷支持。加强国际合作,大力培育环保、新能源产业。

(7)用法律、标准"倒逼"产业转型升级。制定、修订重点行业排放标准,建议修订大气污染防治法等法律。强制公开重污染行业企业环境信息。公布重点城市空气质量排名。加大违法行为处罚力度。

(8)建立环渤海包括京津冀、长三角、珠三角等区域联防联控机制,加强人口密集地区和重点大城市 PM2.5 治理,构建对各省(区、市)的大气环境整治目标责任考核体系。

(9)将重污染天气纳入地方政府突发事件应急管理,根据污染等级及时采取重污染企业限产限排、机动车限行等措施。

(10)树立全社会"同呼吸、共奋斗"的行为准则,地方政府对当地空气质量负总责,落实企业治污主体责任,国务院有关部门协调联动,倡导节约、绿色消费方式和生活习惯,动员全民参与环境保护和监督。

"国十条"明确了我国治理大气污染的目标和措施。这是本届政府的一项主要工作。

2. 交通运输部关于印发《加快推进绿色循环低碳交通运输发展指导意见》的通知(交政法发〔2013〕323 号)

为贯彻落实党的十八大关于加强生态文明建设和"五位一体"总体布局的要求,

以科学发展为主题、以转变发展方式为主线，大力推进低碳交通运输体系建设，努力建设资源节约型、环境友好型交通运输行业，促进交通运输绿色发展、循环发展、低碳发展，经部务会议讨论通过，现将《加快推进绿色循环低碳交通运输发展指导意见》印发给你们，请各地区、各部门结合实际制定具体实施方案，贯彻落实。

(1)应用清洁能源是重要抓手。交通运输是我国第三大能源消费产业，因而是国家实施节能减排战略的三大行业之一。

适应国家新能源战略，迫切需要改变我国的交通运输能源结构，因而，开展清洁能源应用，义不容辞，全行业、全社会必须积极、自觉应对能源短缺、环境恶化带来的重大挑战。

在这当中，无论从技术成熟水平考虑，还是从安全保障要求衡量，推广应用天然气汽车等清洁能源装备，是当前的必然选择与重要抓手。

对此，部印发的《公路水路交通运输节能减排"十二五"规划》、《2013 年交通运输行业节能减排工作要点》以及不久前印发的《加快推进绿色循环低碳交通运输发展指导意见》等文件，都明确提出要加快推广应用清洁能源装备，推进以天然气等清洁能源为燃料的运输装备和机械设备的应用，加强加气、供电等配套设施建设。

交通运输部副部长何建中 2013 年 6 月在无锡调研时多次强调，要积极推进节能与清洁能源道路客货运车辆、公交车、出租车、城市物流配送车辆等应用，加强加气等配套设施的规划与建设，提高交通运输能源清洁化水平。

因此，积极发展、推广应用天然气汽车，已经成为一种共识。

(2)应用清洁能源是支持方向。按照既定部署，"十二五"以来，交通运输部已在多个层面组织、推进清洁能源的应用(主要是天然气汽车)。

(3)开展推广应用的试点。2011 年，部研究决定开展天然气汽车在城际道路运输中推广应用的试点工作;2012 年 5 月，部能办组织召开了"城际客货运输推广天然气汽车试点工作座谈会"，确定在江苏、辽宁、宁夏三省区已经开展试点的基础上，进一步扩大试点范围，增加了山东省和广东汽运集团、山西汽运集团两个企业开展试点工作，明确了试点的目的意义、内容方法和相关要求等。

目的是通过试点，摸清应用前景，分析主要障碍，探索解决途径，加快应用步伐。

(4)进行财政政策支持。3 年来，部交通运输节能减排专项资金，一直将天然气汽车在道路运输行业的应用，列为重点支持领域，先后补助了 283 个项目，补助金额 6.0753 亿元，力度应该说不小。

通过政策引导，到 2012 年底，道路运输营运车辆中天然气汽车保有量已 58.5 万辆，占总量的 3.85%。其中，出租车 40 万辆、公交客车 3.8 万辆、公路货车 6.1 万辆。大致测算,每年可替代燃油(折合标准油)约15.7万吨,减少CO_2排放48.6万吨,基本上消除了这些车辆的烟尘颗粒(特别是PM2.5)的排放。此外,根据各地车用天然气的价格,可降低燃料成本20%~30%(当然目前的情况有些变化)。

3.《国务院关于加强节能工作的决定》(国发〔2006〕28号)

这个决定中强调:"加强交通运输节能","鼓励发展节能环保型交通工具,开发和推广车用代用燃料和清洁燃料汽车。"

4.《国家发展改革委、科技部关于印发中国节能技术政策大纲(2006年版)的通知》(发改环资〔2007〕199号)

这个大纲中提出:"发展以天然气为燃料的公交车辆、因地制宜推广汽车利用醇类燃料、合成燃料和生物柴油,开发研究电动汽车、氢气汽车等新型动力及替代燃料技术。"

5.《国务院关于印发节能减排综合性工作方案的通知》(国发〔2007〕15号)

这个方案中要求:"十一五"期间,要重点实施"节约和替代石油工程","强化交通运输节能减排管理。""公布实施新能源汽车生产准入管理规则,推进替代能源汽车产业化。"

6.《国家发展改革委关于印发天然气利用政策的通知》(发改能源〔2007〕2115号)

这个政策将"天然气汽车(尤其是双燃料汽车)"列入"第一类:优先类"用户。

7.《中华人民共和国节约能源法》(2007年10月第十届全国人民代表大会常务委员会第三十次会议修订通过)

这个法律第45条规定:"国家鼓励开发和推广应用交通运输工具使用清洁燃料、石油替代燃料。"

8.《国务院关于印发"十二五"节能减排综合性工作方案的通知》(国发〔2011〕26号)

这个方案中提出:"调整能源结构","加快发展天然气",实施"节约替代石油工程","积极推广节能与新能源汽车。"

9.《国务院关于印发节能与新能源汽车产业发展规划(2012——2020年)的通知》(国发〔2012〕22号)

这个规划中提出:"鼓励天然气(包括液化天然气)、生物燃料等资源丰富的地区发展替代燃料汽车。"

10.《国务院关于印发节能减排"十二五"规划的通知》(国发〔2012〕40号)

这个规划中要求:"开展交通运输节油技术改造,鼓励以洁净煤、石油焦、天然气替代燃料油。在有条件的城市公交客车、出租车、城际客货运输车辆等推广使用天然气和煤层气。”

11.《天然气利用政策》(发改委令 2012 年第 15 号)

这个政策把“天然气汽车(尤其是双燃料及液化天然气汽车),包括城市公交车、出租车、物流配送车、载客汽车、环卫车和载货汽车等以天然气为燃料的运输车辆”和“在内河、湖泊和沿海航运的以天然气(尤其是液化天然气)为燃料的运输船舶(含双燃料和单一天然气燃料运输船舶)”列入天然气利用第一类用户(优先利用类)予以保证气源供应。

12.《国家发展改革委关于印发天然气发展“十二五”规划的通知》(发改能源〔2012〕3383 号)

这个规划提出:“天然气替代工程”,“在经济相对发达地区和天然气产区,按照科学规划、因地制宜原则稳步实施以气替油工程,如以气替代油发电,以气替代车用和船用燃料等。”

13.《国务院关于印发能源发展“十二五”规划的通知》(国发〔2013〕2 号)

这个规划提出:“十二五”时期,要“能源结构优化”,“天然气占一次能源消费比重提高到 7.5%,煤炭消费比重降低到 65% 左右。”“新增天然气管道 4.4 万公里;沿海液化天然气年接收能力新增 5000 万吨以上。”“到 2015 年,煤层气、页岩气探明地质储量分别增加 1 万亿和 6000 亿立方米,商品量分别达到 200 亿和 65 亿立方米,非常规天然气成为天然气供应的重要增长极。”

14. 交通运输部《关于印发〈建设低碳交通运输体系指导意见〉和〈建设低碳交通运输体系试点工作方案〉的通知》(交政法发〔2011〕53 号)

在指导意见中提出:“加快替代能源的推广应用”,“鼓励替代能源技术在营运车船中的应用。积极使用和推广混合动力、天然气动力、生物质能和电能等节能环保型城市公交车,开展新能源出租汽车试点工作。在有条件的地区鼓励道路运输企业使用天然气、混合动力等燃料类型的营运车辆,鼓励在干线公路沿线建设天然气加气站等替代燃料分配设施。”

在工作方案中的“工作目标”之一是:“提高替代燃料在营运车船中的应用程度。支持地方交通运输主管部门和一批公路、水路运输企业开展营运车、船的更新改造,提高替代燃料在运输装备中的使用比例,引导相关配套设施建设,推进行业的能源结构调整。”“试点内容”之一是:“推广应用低碳型交通运输装备。”“营运客货车辆:在气源相对丰富的试点城市,选择大型道路客运企业和 4A 级及以上物流运输企业,推广天然气及混合动力营运车辆,力争在试点期末,试点城市所有二类及以上客运班线天然气及混合动力车辆使用比例达到5%以上,试点物流运输企业的天然气及混合动力车辆使用比例达到10%以上。""城市客运车辆:在试点城市推广使用天然气动力的城市公交车的比例在现有基础上提高10%以上"。

15. 交通运输部《关于印发公路水路交通运输节能减排"十二五"规划的通知》(交政法发〔2011〕315号)

这个规划要求:实施"节能与新能源车辆示范推广工程","推广使用天然气车辆。逐步提高城市公交、出租汽车中天然气车辆的比重,在城市物流配送、城际客货运输车辆中积极开展试点推广工作,以新购置天然气车辆代替淘汰的老旧车辆。"

16. 财政部、交通运输部《关于印发〈交通运输节能减排专项资金管理暂行办法〉的通知》(财建〔2011〕374号)

这个办法将天然气汽车纳入鼓励范围,规定:"采用替代燃料的按被替代燃料每吨标准油不超过2000元给予奖励。"

17.《交通运输部关于印发〈加快推进绿色循环低碳交通运输发展指导意见〉的通知》(交政法发〔2013〕323号)

这个意见要求:"加快推广节能与清洁能源装备。""推进以天然气等清洁能源为燃料的运输装备和机械设备的应用,加强加气、供电等配套设施建设。"

18.《交通运输部办公厅关于印发2014年交通运输行业节能减排工作要点的通知》(厅政法字〔2014〕36号)

这个要点提出:2014年专项行动的重点主要有:继续实施甩挂运输试点工作,推进LNG(液化天然气)、LPG(液化石油气)汽车在道路运输、城市公交和出租汽车中的应用,推动LNG燃料动力内河船舶区域性应用试点示范工作,推广路面材料再生利用和隧道节能照明技术,推进高速公路联网不停车收费技术应用和推广等。

二、LNG与标煤、标油的折算关系

1. GB/T 2589—2008《综合能耗计算通则》中有关条款

6　各种能源折算标准煤的原则

6.1　计算综合能耗时,各种能源折算为一次能源的单位为标准煤当量。

6.2　用能单位实际消耗的燃料能源应以其低(位)发热量为计算基础折算为标准煤量。

低(位)发热量等于29307千焦(kJ)的燃料,称为1千克标准煤(1kgce)。

常用能源折算标煤参考系数摘自GB/T 2589—2008《综合能耗计算通则》中的

附录 A(表 1-10)。

常用能源折标准煤参考系数　　表 1-10

能源名称	平均低位发热量	折标准煤系数
原煤	20908kJ/kg(5000kcal/kg)	0.7143kgce/kg
原油	41816kJ/kg(10000kcal/kg)	1.4286kgce/kg
汽油	43070kJ/kg(10300kcal/kg)	1.4714kgce/kg
柴油	42652kJ/kg(10200kcal/kg)	1.4571kgce/kg
液化石油气	50179kJ/kg(12000kcal/kg)	1.7143kgce/kg
油田天然气	38931kJ/m^3(9310kcal/m^3)	1.3300kgce/m^3
气田天然气	35544kJ/m^3(8500kcal/m^3)	1.2143kgce/m^3
电力(当量值)	3600kJ/(kW·h)[860kcal/(kW·h)]	0.1229kgce/(kW·h)

2. 交通运输部《天然气车辆应用项目节能减排量核算技术细则(2014)》中有关规定

8　天然气车辆应用项目节能减排核算技术细则

8.1　适用范围

本细则适用于天然气车辆应用项目替代燃料量的核算。

8.2　参考标准

GB/T 2589—2008《综合能耗计算通则》。

JT 711—2008《营运客车燃料消耗量限值及测量方法》。

JT 719—2008《营运货车燃料消耗量限值及测量方法》。

8.3　核算方法

8.3.1　总气耗的确定

根据天然气车辆的数量和每辆天然气车辆月度平均气耗量(单位:m^3),计算核算期(12 个月)内车辆天然气总气耗(单位:m^3),其计算公式如下:

$$\text{总气耗} = (\sum \text{第}\ i\ \text{辆车月度平均气耗量}) \times 12$$

其中,第 i 辆车月度平均气耗量需根据每辆天然气在实际运营期(不超过 12 个月)内的气耗量(单位:m^3)统计数据求得。

注:(1)本细则中的天然气均指 1 个大气压,20℃时的天然气;1kg 液化天然气(LNG)按汽化为 1.4m^3 天然气计算。

(2)如果项目中全部天然气车辆的运行期均满 1 年,可按以下计算公式计算项目总气耗。

$$\text{总气耗} = \sum_{i=1}^{n}\sum_{j=1}^{12} \text{第}\ i\ \text{辆天然气车辆第}\ j\ \text{月气耗量}$$

其中,n 为项目中包含的天然气车辆数。

8.3.2　替代能源当量比的确定

替代能源当量比,指在相同路况条件下,天然气车辆与燃油车辆完成相同运输量的能耗量之比。项目的当量比应依据车辆实际运行情况,经测算后确定。

注:如未经第三方机构审核,建议按固定当量比(取值 1.2m^3/kg)进行核算,即 1.2m^3 天然气相对于 1kg 柴油(按燃料热当量取值)。

8.3.3　项目替代燃料量的确定

8.3.3.1　替代柴油量的计算

将总气耗量(m^3)除以当量比,即可计算出替代柴油量(单位:kg),其计算公式:

$$项目替代柴油量=总气耗量/当量比$$

8.3.3.2　替代燃料量的确定

将替代的替代柴油量折算为替代燃料量(单位:toe),其计算公式如下:

$$项目替代燃料量=项目替代柴油量\times柴油折标油系数\times10^{-3}$$

注:柴油折标油系数值为 1.02kgoe/kg(根据 GB/T 2589 计算所得)。

本技术细则中使用的主要符号及其名称见表 1-11。

常用符号及其名称　　表 1-11

序号	符号	单位名称	序号	符号	单位名称
1	d	天	11	m	米
2	g	克	12	m^2	平方米
3	h	小时	13	m^3	立方米
4	kg	千克	14	t	吨
5	kgce	千克标准煤	15	tce	吨标准煤
6	kgoe	千克标准油	16	toe	吨标准油
7	km	千米	17	TEU	标准箱
8	kW	千瓦	18	W	瓦特
9	kW·h	千瓦时或度	19	℃	摄氏度
10	L	升			

第二章　LNG 发动机专用装置的构造与工作原理

第一节　天然气(NG)发动机特点

NG 发动机与传统的汽油机相似,它们都是通过高压点火燃烧做功,但燃料供给系统有很大的区别,天然气发动机燃料供给系统中没有汽油机中的汽油泵。NG 发动机的特性曲线又与柴油机相似,它是低转速高转矩发动机,所以适用于商用汽车上。天然气发动机的最大优点是燃烧后的排放物是二氧化碳(CO_2)和水(H_2O),清洁环保。

(1)柴油机与 NG 发动机的主要区别见表 2-1。

柴油机与 NG 发动机的主要区别　　表 2-1

项目	柴油机	NG 发动机
燃料供给系统	输油泵	压力流动
燃烧方式	压燃	点燃
压缩比	14 ~ 16	10.5 ~ 11.5
排气温度	NG 发动机比柴油机高约 10℃	
排放物	颗粒、NO_X(氮氧化合物)	CO_2、H_2O
噪声	NG 发动机比柴油机低 7dB	

(2)天然气发动机又分气态(CNG)发动机和液态(LNG)发动机两种结构。因受加气站的制约,(CNG)发动机大多只能应用在城市公交车、出租汽车上。天然气液化后可长距离运送,而且使用更安全,续航里程更长,所以(LNG)发动机在商用汽车、城市公交车上的推广迅速,发展天然气汽车利国、利民、利企。

(CNG)发动机是通过减压阀将气瓶中的高压天然气(5 ~ 20MPa)降压至 0.8MPa,经燃气滤清器后进入热交换器,向发动机供气。

(LNG)发动机则是气瓶内的 LNG 液体在瓶内压力作用下从出液管路流向汽化

器，经汽化器加热实现液态向气态转变，然后经稳压器稳压后流入燃气滤清器，再进入热交换器，向发动机供气(图 2-1)。

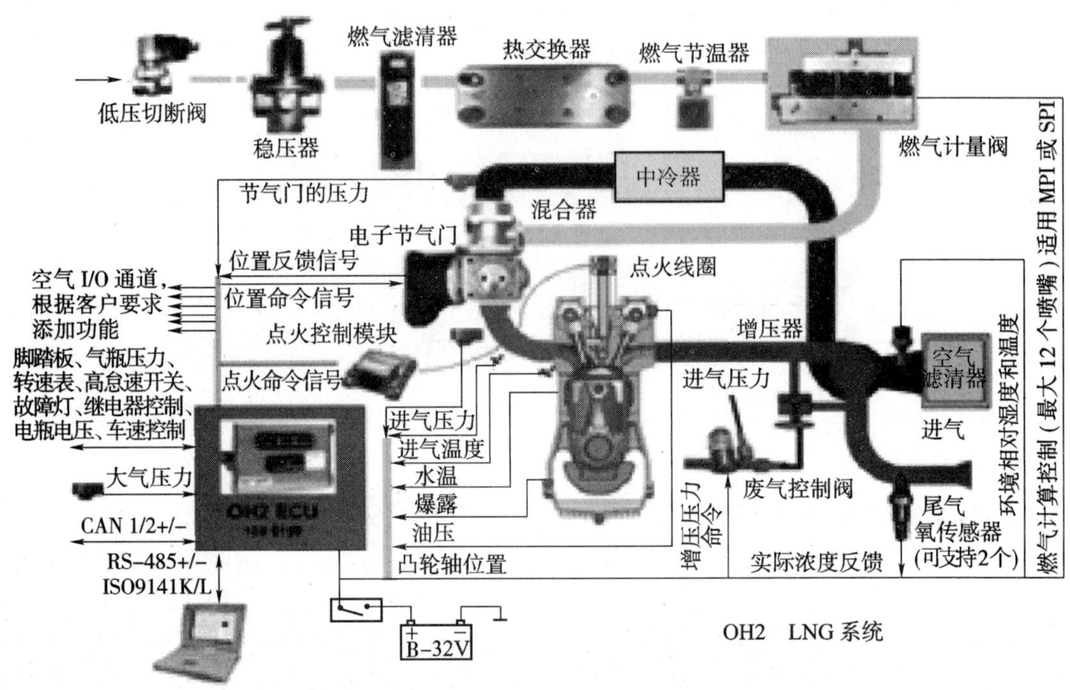

图 2-1 潍柴 LNG 发动机工作原理图

第二节 LNG 专用装置结构与工作原理

LNG 发动机的燃料供给系统也称为 LNG 发动机专用装置(图 2-2)。LNG 从气瓶通过管路流入汽化器加热汽化，经过缓冲罐稳压后进入低压电磁阀，通过低压电磁阀控制进入稳压器再次稳压，稳压后的燃气经燃气滤清器过滤后进入热交换器。燃气经过热交换器加热后通过节温器进入喷射阀，由喷射阀控制喷射入混合器中，与增压冷却后的空气混合。电子节气门控制混合气进入发动机汽缸内燃烧做功。

LNG 发动机燃料供给系统由主供气系统和辅助系统两部分组成，其中系统中的安全保护装置在第 3 节中作专门介绍。

主供气系统的主要部件有气瓶、汽化器、低压电磁阀、稳压器、燃气滤清器、热交换器、节温器、喷射阀、混合器和电子节气门。

辅助系统由自增压装置、经济调压阀及其他附件组成。

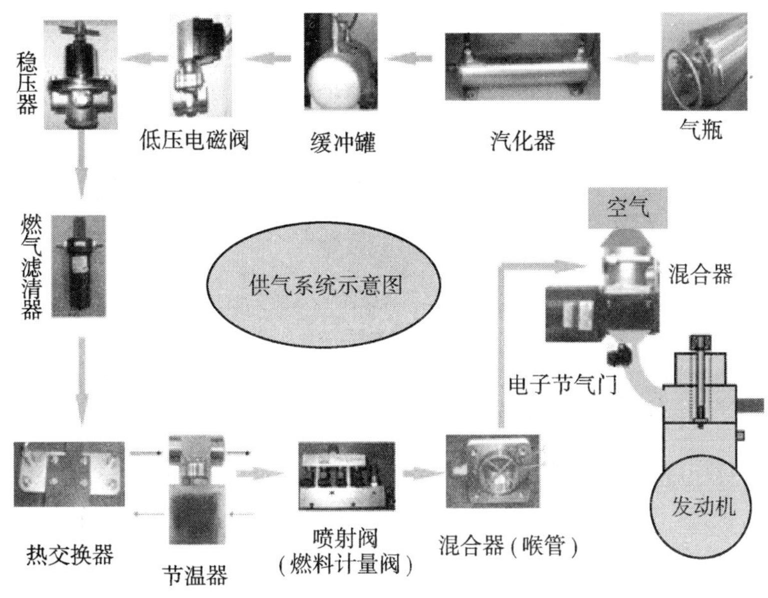

图 2-2　LNG 发动机供气系统示意图

一、主供气系统主要部件及工作原理

1. 气瓶

LNG 车用气瓶(图 2-3)其实就是一个保温瓶。LNG 燃料供给系统中没有其他常规液体(汽油或柴油)发动机一样的油泵,所有车用气瓶不仅是一个燃料箱,还要通过 LNG 气瓶自身实现燃料的供给功能。

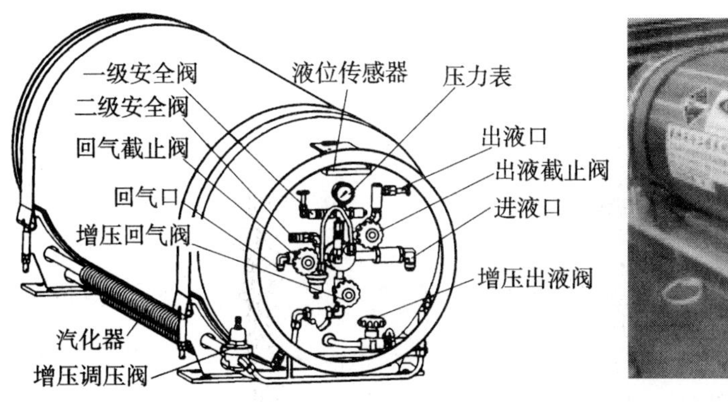

图 2-3　LNG 车用气瓶

LNG 车用气瓶的结构可分为四部分(图 2-4),包括:内容器(内胆)、外容器(外壳)、接口组件、液位传感器。LNG 车用气瓶作为一种低温绝热压力容器,设计有双层(外壳和内胆)结构。

内容器(内胆)用来储存低温液态的液化天然气,在其外壁上缠有多层绝热材料,具有超强的隔热性能,夹套(内、外容器之间的空间)被抽成高真空,共同形成良好的绝热系统,保证 LNG 在超低温的环境下得以储存和使用。所有的管路、阀件都设计在气瓶的一端,并用护环或护罩进行保护。内容器用以盛装 LNG,内部有缓冲罐、液位探头等。外壳和内胆之间是密闭的真空绝热夹套,夹套采用高真空多层绝热,又称超级绝热。

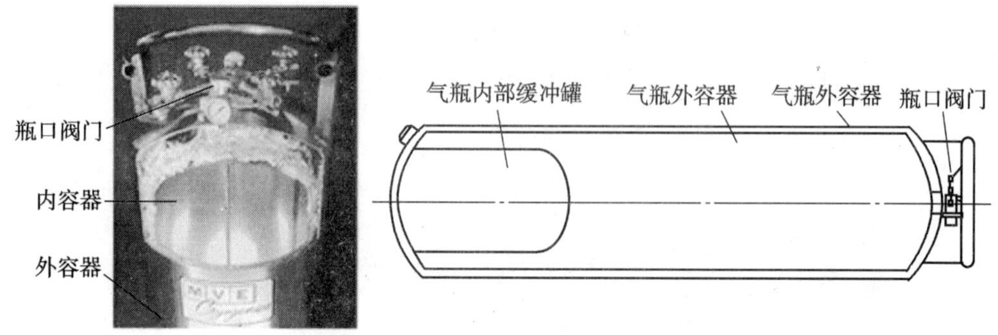

图 2-4　LNG 车用气瓶结构示意图

外壳保护内容器并对整个瓶体起支撑作用,具有高强度及良好绝热性能的支撑系统将内胆悬挂在外壳之内;支撑结构多采用轴向支撑固定内胆。在移动或运输过程中,内胆容易发生振荡,尤其对于满液的 LNG 车用气瓶,装载的 LNG 自重所引发的支撑臂的弯曲不可被忽略,最大应力主要出现在颈管与内封头连接处。

外壳在内部超压条件下的保护是通过一个环形的抽空塞来实现的。如果内胆发生泄漏(导致夹套压力超高),夹层压力达到 0.1 ~ 0.2MPa,抽空塞将自动打开泄压。当抽空塞发生泄漏或真空破坏,使绝热能力下降或失效,这时可能发生外壳"冒汗"或结霜现象。当然,在与气瓶连接的管道末端出现的结霜或凝水现象是正常的。

LNG 车用气瓶接口组件名称及其作用见表 2-2 和图 2-5。

图 2-5　LNG 车用气瓶口组件名称

接口组件名称及其作用　　表 2-2

序号	名称	作　用
1	液位传感器	气瓶内的液位计量
2	压力表	显示气瓶内天然气的压力
3	一级安全阀	用于气瓶限压
4	二级安全阀	用于气瓶限压
5	回气截止阀（排气截止阀）	打开排气截止阀，排放气瓶内气体泄压
6	经济调压阀（经济阀）	气瓶压力超过设定工作压力时，经济阀打开，优先使用气相，瓶内压力下降的同时，经济阀阀体结霜。气瓶内压力达到设定工作压力，经济阀关闭，阀体上的霜逐渐融化
7	增压调压阀	增加气瓶内压力，与增压出液阀联合使用，控制增压的压力。调压阀在出厂前已经调定
8	气相过流阀	增压汽化器管路断裂，气体喷出，过流阀将紧急切断管路，阻止气体大量泄漏
9	出液过流阀	出液管路断裂，液体喷出，过流阀将紧急切断供液管路，阻止液体大量泄漏
10	压力传感器	气瓶内的压力感应器
11	出液截止阀	控制气瓶内液体的流动
12	充液止回阀	控制气瓶进液，进液后自动关闭
13	增压回气阀	打开或关闭增压系统
14	增压出液阀	增加气瓶内压力，与增压调压阀联合使用
15	管道安全阀（增压系统安全阀）	增压工作时，保护增压系统管路
16	液相过流阀	增压汽化器管路断裂，液体喷出，过流阀将紧急切断管路，阻止液体大量泄漏

内容器设计有两级安全阀在超压时起保护作用。在内容器压力超过一级安全阀设定的压力时，一级安全阀打开、排放，由于加液车辆长时间停放，导致绝热层和支撑体正常的吸热，使少量 LNG 汽化产生压力上升或因真空下降或失效后促使 LNG 液体汽化增压。二级安全阀设定的压力要高于一级安全阀压力，它是在一级安全阀失效或发生堵塞时，内容器内压力升高达到二级安全阀压力时打开。

（1）液位传感器。液位传感器由电容探测器（极板）和信号转换器组成。

液位传感器作为气瓶整体的一个组成部分，电容探测器安装在气瓶的内部，信号转换器连接在气瓶的外部。其作用是根据气瓶内的液位高度产生一个成线性比例的电信号,并传送给信号转换器,再由转换器根据信号转送到显示仪表。

(2)气瓶工作原理。LNG 车用气瓶的作用是储存并供给燃料。正常情况下,气瓶内压力大于 0.7MPa 时,起动 LNG 发动机,LNG 车用气瓶中的液化天然气在自身压力作用下,从液体管道中流出,经出液截止阀和液相过流阀进入汽化器内被加热汽化,供汽车使用。

气瓶绝热材料的性能和气瓶夹层真空度以及气瓶内、外容器之间的钢性支撑体都会影响气瓶外部对内部热能的传递效果,气瓶内深冷 LNG 液体,随着气瓶体的吸热和缓慢传递,促使瓶内的少量 LNG 汽化增压,从而能保持瓶内一定的压力,压力作用在 LNG 液体上使其流向汽化器,供发动机燃烧做功。

对配置自增压装置的气瓶(图 2-6),当气瓶内压力较低、发动机动力不足、加速困难时,开启增压调压阀,气瓶底部液体通过增压盘管与空气进行热交换,汽化后的天然气回到气瓶气相空间以增加气瓶内压力,从而保证充足的液体流向汽化器,使发动机正常工作。

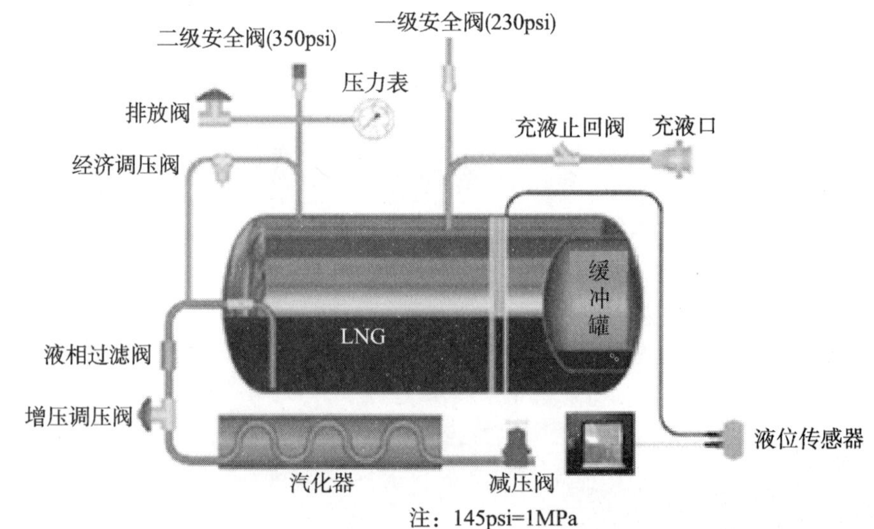

图 2-6　LNG 车用气瓶系统示意图

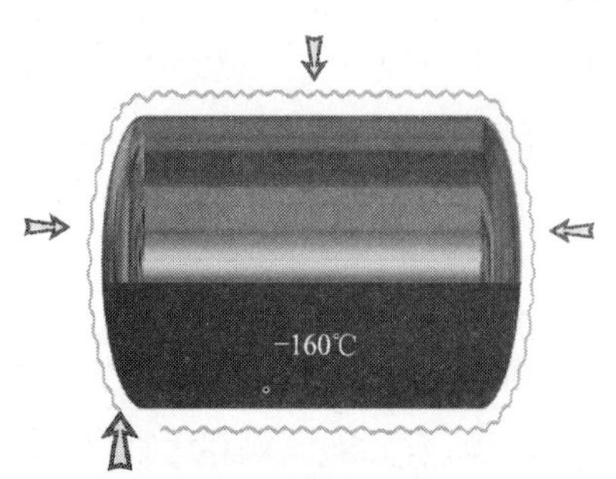

图 2-7　气瓶吸热示意图

在 LNG 气瓶内盛有液体时,如该汽车长时间停放,气瓶吸热后使其 LNG 汽化(图 2-7),慢慢增压,当达到一级安全阀设定压力时会产生自动排气现象,这样白白地浪费了燃料。所以加注充足 LNG 的车辆不宜久停,减少不必要的浪费。气瓶的绝热性能对 LNG 汽车燃料经济性影响很大,目前国家或行业部门对气瓶的蒸发率没有技术要求,但查特和富瑞特装公司的企业标准要求气瓶的日蒸发率(液氮检测)应小于3%。

(3)商用汽车常用气瓶规格(表2-3、表2-4)。

查特公司生产的常用车用 LNG 气瓶规格　表2-3

型号	WLNG 495-1.38	WLNG 450-1.38	WLNG 380-1.38	WLNG 280-1.38	WLNG 210-1.38
直径(mm)	656	656	656	586	506
长度(mm)	2083	1925	1680	1661	1640
公称容积(L)	495	450	380	280	210

注:表中1.38表示公称工作压力,单位为MPa。

富瑞特装气瓶生产的常用车用 LNG 气瓶规格　表2-4

型号	CDPW600-500-1.59	CDPW600-450-1.59	CDPW600-375-1.59	CDPW500-280-1.59	CDPW500-200-1.59
直径(mm)	668	668	668	608	608
长度(mm)	2220	2000	1740	1410	1400
公称容积(L)	500	450	375	280	200

注:表中1.59表示公称工作压力,单位为MPa。

2. 汽化器

汽化器是根据低温液体特性,利用发动机冷却系统中的热能将 LNG 完全汽化成 CNG 的部件。

LNG 专用装置中的汽化器是一种水浴式汽化器(图2-8)。为提高汽化器的汽化稳定性和汽化能力,其冷却液与 LNG 应采取顺流式布置,安装、维修水浴式汽化器时要注意其方向性。否则将造成汽化器工作不稳定,严重时会导致 LNG 管路堵塞,发动机无法正常运转。

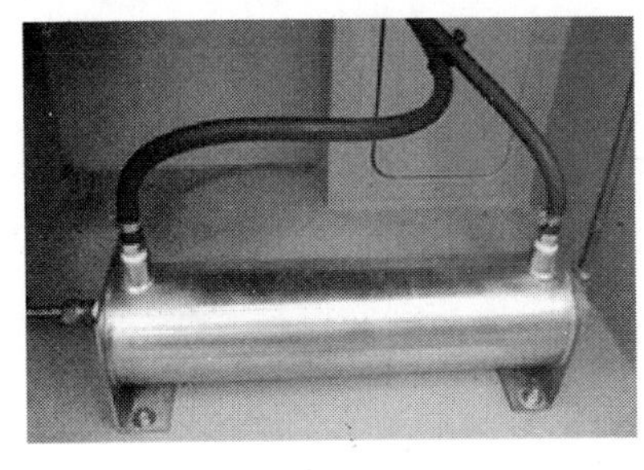

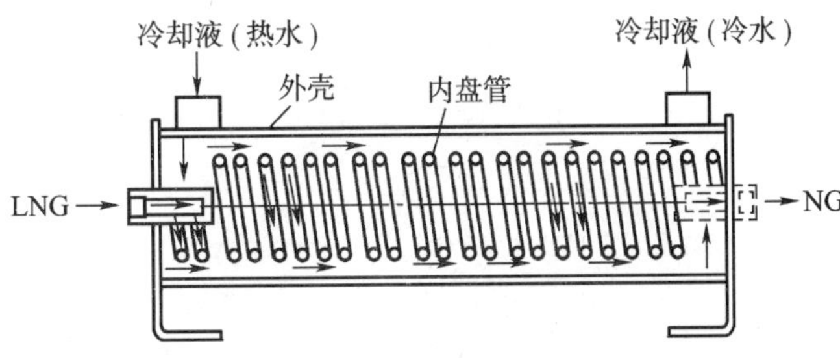

图2-8　汽化器实物图及剖视图

进入汽化器的是 LNG,通过汽化器热交换后变成 CNG。发动机正常工作后,从气瓶出口到汽化器进口的管路上有结霜是正常现象。如果汽化器出口处发生结霜、结冰现象,表明汽化器有故障了。

因为 LNG 是低温液体,常压状态下约为 -162℃,温度太低,如果管道不采取保冷措施的话,那么空气中的水蒸气就会附着在管道上结霜,这一现象不止是 LNG,CNG 管道上也会存在。如果进行保温,保温质量不过关,在保温外表面上也会形成霜,长时间经过霜表面融化,就会结成冰,基本上低温液体管道不采取保温措施或保温措施不过关都会结霜或结冰。LNG 汽车气瓶的出液管路都是用铜管材料,外表面不加保温材料,是利用自然环境的热量经铜管传递给 LNG 液体,促进 LNG 在管路流动中吸热汽化。

根据大量用户使用情况表明,LNG 发动机汽车夏季使用(还要启用空调)时单位气耗反而低,而冬季使用时却反而要高一些,这是什么原因呢?

这是因为夏季使用时,自然环境温度高,发动机冷却液的温度也会偏高,一般会超过 90℃(温度偏高又会使机油压力下降,对发动机机械部件会有安全风险,必要时要改进冷却系统,确保发动机正常工作温度),所以 LNG 的汽化效率好,燃料的利用率高,单位气耗低。而在冬季时,大气温度低,发动机冷却液的温度通常最高也只能达到 80℃(必要时可采取保温措施,减少发动机舱的空气流通量,降低自然空气对发动机的冷却效果),LNG 的汽化效率低,燃料的利用率低,单位气耗就高。

3. 缓冲罐(也称稳压罐)

缓冲罐(图 2-9)内部盛装 CNG,其实就是一个储气筒,当汽车突然加速需要过量气体天然气燃料时,由缓冲罐及时给予供气,确保发动机工作供给。

4. 低压电磁阀

低压电磁阀(图 2-10)是利用线圈通电产生的电磁力来驱动阀芯移动实现开启和关闭的阀门(CNG 系统上的电磁阀通常称为高压电磁阀)。通电时,电磁线圈产生电磁力把关闭件从阀座上提起,阀门打开;断电时,电磁力消失,弹簧把关闭件压在阀座上,阀门关闭。

图 2-9 缓冲罐实物图

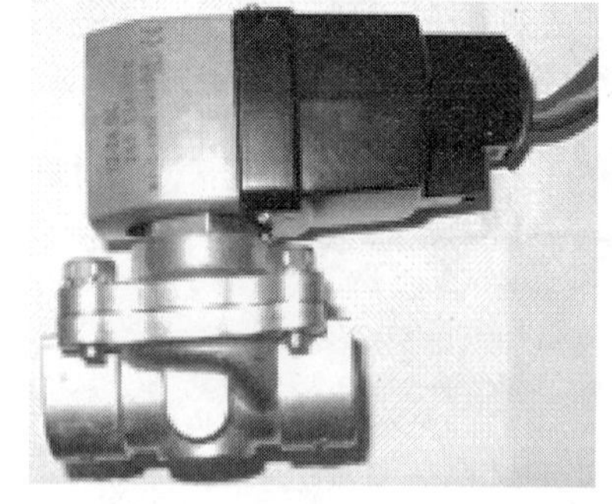

图 2-10 低压电磁阀实物图

电磁阀是由电磁线圈和磁芯组成,是包含一个或几个孔的阀体。当线圈通电或断电时,磁芯的运转将导致流体通过阀体或被切断,以达到改变流体方向的目的。

电磁阀的电磁部件由固定铁芯、动铁芯、线圈等部件组成；阀体部分由滑阀芯、滑阀套、弹簧底座等组成。电磁线圈被直接安装在阀体上，阀体被封闭在密封管中，构成一个简洁、紧凑的组合。

低压电磁阀安装于 LNG 气瓶稳压罐与稳压器之间，是发动机管路与气瓶管路的连接节点。低压电磁阀安装要求：

(1)低压电磁阀之前的气瓶、汽化器、管路及相应接头等由整车企业向专业设备生产厂家采购并安装。

(2)低压电磁阀必须可靠固定。连接到低压电磁阀的管路应尽可能短，如果太长，则应加装固定扣以防止管路抖动。

(3)连接到低压电磁阀的管路布置合理，不能有干涉。

(4)低压电磁阀使用 24V 直流电源，安装时请注意电源正负极连接正确。

(5)低压电磁阀上标明的气流方向，安装与实际气流方向应一致。

(6)低压电磁阀接头螺纹为 3/4-16UNF，整车厂需定制与之连接的管件，并保证连接牢固，无漏气。

电磁阀常见的故障有电磁阀不动作，应从以下几方面排查：

(1)电磁阀接线头松动或线头脱落，电磁阀不得电，可紧固线头。

(2)电磁阀线圈烧坏，可拆下电磁阀的接线，用万用表测量，如果开路，则电磁阀线圈烧坏。原因有线圈受潮，引起绝缘不好而漏磁，造成线圈内电流过大而烧毁，因此要防止雨水进入电磁阀。此外，弹簧过硬，反作用力过大，线圈匝数太少，吸力不够也可使得线圈烧毁。

(3)电磁阀卡住：电磁阀的滑阀套与阀芯的配合间隙很小，一般都是单件装配，当有机械杂质带入或润滑油太少时，很容易卡住。处理方法可用钢丝从头部小孔捅入，使其弹回。根本的解决方法是将电磁阀拆下，取出阀芯及阀芯套，清除杂质，使得阀芯在阀套内动作灵活。拆卸时应注意各部件的装配顺序及外部接线位置，以便重新装配及接线正确，还要检查油雾器喷油孔是否堵塞，润滑油是否足够。

(4)漏气：漏气会造成空气压力不足，使得强制阀的启闭困难，原因是密封垫片损坏或滑阀磨损而造成几个空腔窜气。

在处理切换系统的电磁阀故障时，应选择适当的时机，等该电磁阀处于失电时进行处理，若在一个切换间隙内处理不完，可将切换系统暂停，从容处理。

5. 稳压器(发动机厂配套)

稳压器(图 2-11)的作用就是调节其出口压力达到系统需要的喷射压力，一般为 0.8 ~1MPa。

稳压器的技术参数：

(1)最大进口压力:2.8MPa。

(2)出气压力范围:0.7~1.4MPa。

(3)工作温度:-40~75℃。

(4)注意箭头所指的气流方向。

(5)压力表安装在出气端。

(6)怠速时调整出口压力为0.82MPa。

稳压器的安装要求：

(1)稳压器出口压力需专业设备检测,不应超过1MPa。

(2)整车厂及用户严禁随意调节稳压器出口压力。

(3)整车厂可根据车辆自身需求决定是否使用安装支架固定。

6. 滤清器

滤清器(图2-12)是通过专用滤芯过滤燃气中0.3~0.6μm的微粒,确保清洁燃气进入发动机燃烧室。滤清器的过滤效率≥95%。

图2-11　稳压器实物图

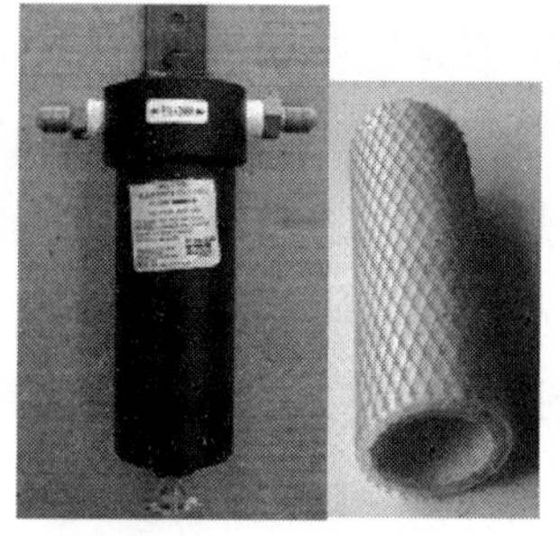

图2-12　滤清器实物图

安装要求：

(1)滤清器要竖直安装,放水口朝下。

(2)按箭头所指的气流方向安装,切记不能装反。

每行驶里程3000km放一次水;定期更换滤清器滤芯。

7. 热交换器

LNG汽化及汽化后的升温需要吸收较多热量,通过发动机的冷却液给天然气进一步加热,可防止进入燃料计量阀前的燃气结晶,以免影响燃料计量阀性能。

图2-13　热交换器实物图

热交换器(图2-13)利用发动机的冷却液给天然气第二次加热,采用叉流结构以避免因燃气过冷和冷却液过热时导致的热冲击(热应力过大)。

天然气通过热交换器，在冷却液温度高于 0℃时的发动机所有工况，热交换器能保证燃气始终高于 −40℃。冷却液温度高于 82℃时燃气温度高于 0℃。

安装要求：

(1)安装热交换器的支架应能防振；热交换器天然气出入口和冷却液出入口的方向应交叉布置，使冷却液和天然气流动方向对流。

(2)热交换器安装方向应平行于车架。

8. 节温器

节温器(图 2-14)也是一个热交换器，它是系统中第三次给燃气加热。通过监控燃气温度来控制流经节温器的冷却液，以控制燃气温度，使之保持燃气出口温度在 0 ~ 40℃。当燃气出口温度 > 60℃时，会导致燃气流量的减少，从而影响发动机性能。

燃气温度超过 40℃，节温器在 30s 内关闭。

燃气温度低于 10℃，30s 内节温器开启。

安装要求：

(1)节温器必须安装在合适的位置，安装节温器的支架应能防振。

(2)节温器的燃气/冷却液方向必须在水平方向。

(3)节温器的开启与关闭受燃气温度控制，冷却液的进口与出口不能接反，进口处有“IN”标记，出口处有“OUT”标记。

9. 喷射阀(FMV，又称为燃料计量阀)

喷射阀又称为燃料计量阀(图 2-15)，喷射阀上装有压力和温度传感器，给 ECU 提供稀薄燃烧需要的燃气温度和压力信息，精确控制喷嘴喷射量。

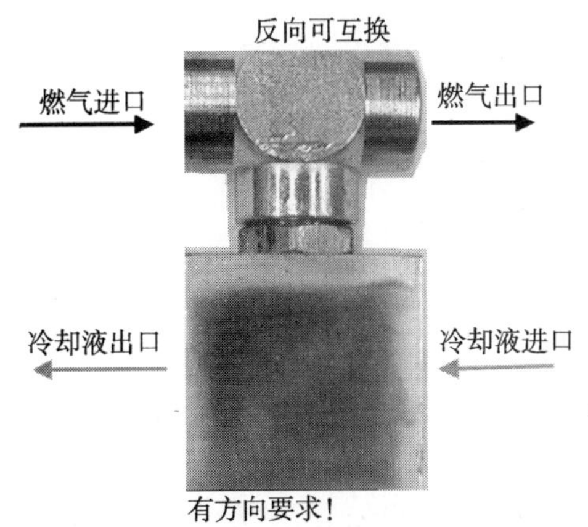

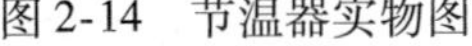
图 2-14 节温器实物图

图 2-15 喷射阀

LNG 经汽化器汽化后，低温的天然气流经热交换器和节温器后被加热到合适的温度,然后进入燃料计量阀。FMV 配置 8/10/12 个喷嘴,分成 2 组平行布置,每个喷嘴对应一个驱动器,在正常喷射模式下,喷嘴依次轮流喷射,在某些变工况下,喷嘴同时喷射以加快系统反应速度。

喷射阀喷嘴的数目随发动机的机型不同而不同。目前,潍柴 WP6NG 和 WP7NG 系列发动机为 8 个喷嘴,WP10NG 系列发动机为 10 个喷嘴,WP12NG 系列发动机为 12 个喷嘴。

燃料计量阀工作电压为 16 ~ 32V,每个喷射阀的峰值电流是 4A,维持电流是 1A。

工作环境温度:-40 ~ 125℃;燃气温度:-40 ~ 90℃。

安装要求:

(1)FMV 的安装位置要合理可靠,连接到 FMV 的线束和管路应保证没有干涉,在 FMV 上安装有压通式止回阀,用于检测燃气压力。

(2)应保证便于检测燃气压力,FMV 喷嘴线束一定要插紧。

(3)FMV 使用一段时间后,需要清洗,清洗时使用专门的清洗设备,并且应用诊断软件中清洗功能,按维修说明书中的操作规程执行。

10. 混合器

天然气从(喉管)FMV 进到混合器(图 2-16),经过喉管与经中冷器后的空气充分混合进入汽缸,使燃烧更充分、柔和。有效降低 NO_X 排放和排气温度。

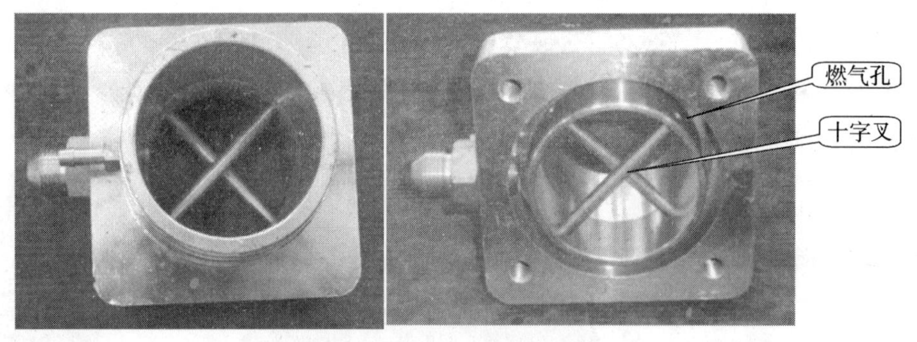

图 2-16 混合器实物图

混合器采用喉管和十字叉结构,天然气从小孔中进入混合器。

喉管可以拆卸,在环境灰尘较大的地区,混合器喉管需要定期清洗。

11. 电子节气门

电子节气门(图 2-17)总成有执行器、位置传感器、节气阀门等。电子节气门的主要作用是控制空气流量、发动机怠速和发动机最高转速。ECU 通过 1600Hz 频率的 PWM 信号控制节气门的动作,其工作行程被 ECU 限制在 10% ~90% 的开度(蝶阀的开度）范围内。通常系统的错误逻辑判断工作就是去比较位置指令信号、反馈信号与中间位置电压信号（大约是2.5V）的大小。如果指令信号与反馈信号的差值大于0.5V，系统会确认并出现故障码。

电子节气门失灵或插接件接触不良会导致转速不稳、无法起动、加速不畅、不能加速等故障。应先检查插接件的接触情况，可用万用表检测；若插接件和线束没有问题，而它的反馈信号总是跳动的，可考虑更换新件。

图 2-17　电子节气门实物图

电子节气门根据 ECU 指令，一般有三种工作状态：

(1) 当发动机速度低于怠速目标值时，ECU 进行怠速控制，即控制节气门开度位置，保持发动机速度在怠速目标值附近。

(2) 当发动机速度超过最大额定转速时，ECU 限制节气门开度位置，即速度越高节气门开度位置越小。

(3) 当发动机速度在怠速和最大额定转速之间时，节气门开度位置随加速踏板位置同步变化。

安装要求：电子节气门应尽量安装在低温环境，按照方向标志安装。

二、辅助系统构造及工作原理

1. 自增压装置（图 2-18）

为满足天然气发动机所需求的压力，LNG 车用气瓶的自增压器以实现气瓶自增压。

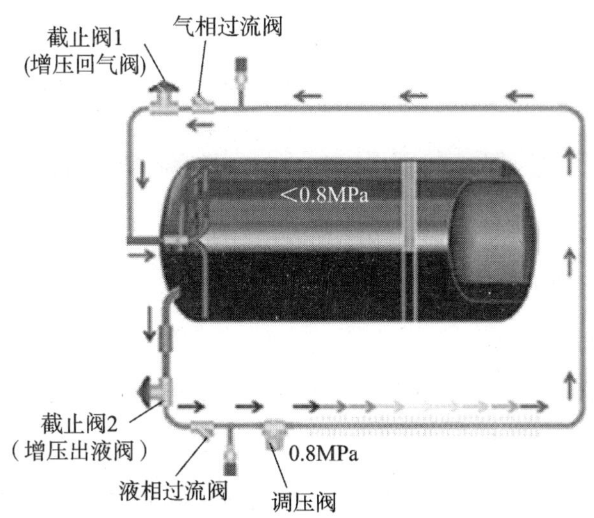

图 2-18　LNG 车用气瓶自增压装置示意图

因 LNG 产地不同,其甲烷成分的含量不同,其沸点和汽化率都存在差异,或是加注站储罐内的 LNG 没有达到饱和状态直接充装给车用气瓶,会发生汽化率较低的情况,导致发动机总是供气不足,运行不稳的现象。对此气瓶生产厂家增设了一套自增压系统,在气瓶下面设置有一个增压汽化器,增压汽化器是空温式汽化器,利用空气中的热量给管道中的 LNG 加热汽化。它的安装高度要低于气瓶的最低液位,当打开自增压系统的出液截止阀时,气瓶内的 LNG 液体流入增压管路,LNG 通过增压管路吸收空气中的热量汽化,汽化后的天然气体积膨胀产生压力使天然气进入气瓶,促进气瓶内的气压提升,达到自动增压的作用,从而保障充足压力给发动机供气。

操作流程:

(1)打开自增压系统。

①先打开截止阀 1(增压回气阀)。

②再打开截止阀 2(增压出液阀)。

③气瓶压力小于稳压阀设定压力。

④液体从气瓶流出进入自增压汽化器。

⑤液体吸热汽化后再回到气瓶内。

⑥实现气瓶增压。

打开自增压系统后,自增压管路上会结霜是正常现象。

(2)关闭自增压系统。

①先关闭增压出液阀。

②再关闭增压回气阀。

在配置有增压出液阀和增压回气阀的自增压系统中,关闭自增压系统时必须按顺序关闭增压出液阀和增压回气阀,不能只单独关闭增压回气阀或增压出液阀。

也有的增压系统中设置一只调压阀,以控制自增压系统的高压作用。

2. 经济调压阀

经济回路工作原理(图 2-19):当发动机工作时,如果气瓶内的压力高于经济调压阀设定的压力时,该调压阀会自行打开经济回路,输向发动机,将气瓶内气体压力快速降低到经济调压阀设定的压力以下。

气瓶压力大于经济调压阀(图 2-20)设定压力(0.86MPa)时,经济调压阀打开,优先使用气瓶内的气体,降低气瓶压力。从而减少气瓶内的天然气超压排放而浪费燃料。

3. 增压调节阀(PBr)

增压调节阀(图 2-21)是控制增压过程中气瓶能够达到的最高压力。稳定的压力是通过调节增压调节阀来控制的,当气瓶顶部的压力低于增压调节阀设定的压力

（也就是系统需要的压力，一般出厂设定为 0.8MPa）时，液化天然气通过增压截止阀（PV）和增压调节阀后进入自增压盘管（Pr）与空气进行热交换，液体变成蒸气回到气瓶的顶部。由于液化天然气的液气压力比较大，因此使得压力升高。当压力等于增压调节阀的压力后，增压调节阀自动关闭，气瓶压力不再继续升高（图 2-22）。

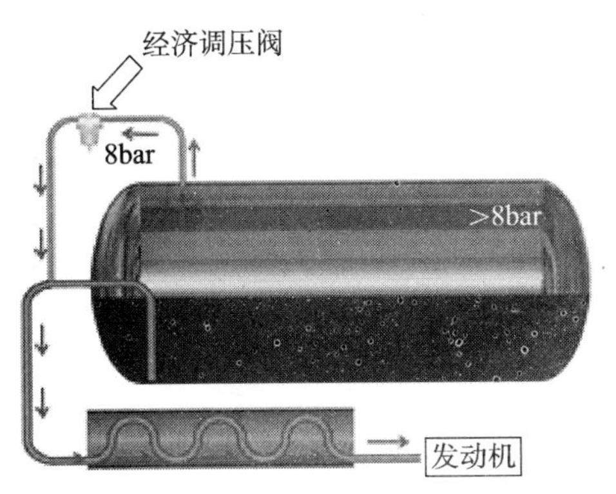

图 2-19　经济回路工作原理

图 2-20　经济调压阀实物图

图 2-21　增压调节阀

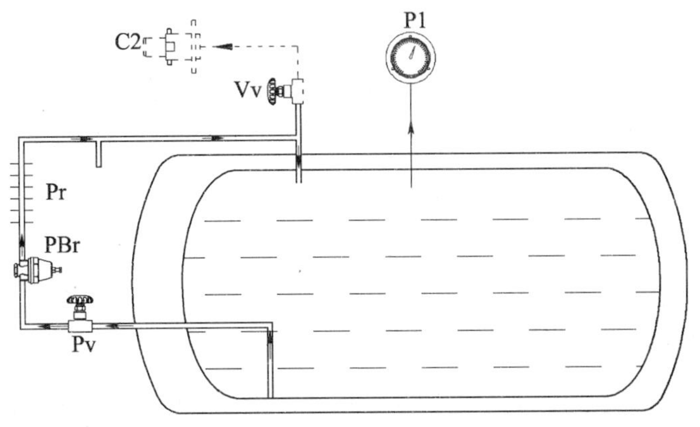

图 2-22　自增压示意图

4. 其他附件

1)LNG 液位计

液位计表盘(图 2-23)可显示气瓶内液位高度和气瓶内压力、发动机缓冲罐压力。

图 2-23　天然气液位计显示盘实物图

液位计量系统采用电容式液位计,该系统由三个子系统导线组成:分别为电容探测器(极板)、信号转换器和显示仪表。

电容探测器根据气瓶内的液位高度产生一个成线性比例的电信号,并传送给信号转换器,再由转换器根据信号转送到显示仪表。电信号不受液位状态(液相或气相)和压力的影响,能够精确反应气瓶内液位的多少。液位传感器安装在瓶内靠近充液管的一端。该系统能够适应由于加速、制动、爬坡、转弯等行驶条件变化所带来的瞬间影响。在行驶过程中由于车辆摇晃造成瓶内液面波动,所显液位会有些波动,但车辆稳定后液位就会显示正常。

液位计显示器安装在汽车驾驶室内,需要供给 12 ~ 24V 的电源,负极搭铁,信号转换器安装于气瓶的阀件端。

2)加液面板

加液面板(图 2-24)上一般都装有 LNG 加注口、排气口(也称回气口),以及气瓶压力表、缓冲罐压力表。有些厂家为了节约成本,在加液面板上可能气瓶压力表、缓冲罐压力表都没再加装。

3)三元催化器

三元催化器(图 2-25)是安装在汽车排气系统中最重要的机外净化装置,它可将汽车尾气排出的 CO(一氧化碳)、HC(碳氢化合物)和 NO_X(氮氧化物)等有害气体通过氧化和还原作用转变为无害的 CO_2、H_2O 和 N_2。由于这种催化器可同时将废气中的三种主要有害物质转化为无害物质,故称三元。天然气发动机通过三元催化器后完全能达到国Ⅴ排放要求。

图 2-24 加液面板实物图

三元催化器的工作原理是：当高温的汽车尾气通过净化装置时，三元催化器中的净化剂将增强 CO、HC 和 NO_X 三种气体的活性，促使其进行一定的氧化—还原化学反应，其中 CO 在高温下氧化成为无色、无毒的 CO_2 气体；HC 化合物在高温下氧化成 H_2O 和 CO_2；NO_X 还原成 O_2 和 N_2。三种有害气体变成无害气体，使汽车尾气得以净化。

三元催化器的载体部件是一块多孔陶瓷材料，安装在特制的排气管中。称它是载体，是因为它本身并不参加催化反应，而是在上面覆盖着一层铂、铑、钯等贵重金属。它可以把废气中的 HC、CO 变成 H_2O 和 CO_2，同时把 NO_X 分解成氮气和氧气。三元催化剂最低要在 350℃ 时起反应，温度过低时，转换效率急剧下降；而催化剂的活性温度（最佳的工作温度）是 400 ~ 800℃，过高也会使催化剂老化加剧。在理想的空燃比（14.7:1）下，催化转化的效果也最好。

图 2-25 三元催化器

4）氧传感器

氧传感器（图 2-26）是实现稀薄燃烧闭环空燃比控制的关键传感器，它把排气成分中氧浓度信号传给 ECU，ECU 判断混合气的实际空燃比相对于设定值是稀还是浓，并相应控制天然气喷射量的增减，从而修正空燃比。

安装要求：

（1）氧传感器应安装在离增压器出口 3 ~ 5 倍排气管直径的地方。

（2）氧传感器不能安装在排气管弯管处。

（3）为防止在氧传感器烧结粘在排气管上，在安装氧传感器时应在螺纹上均匀涂抹防烧结黏结剂。

(4)如果车辆安装有排气制动装置,氧传感器必须安装在此装置的后方15~25cm的位置。

(5)氧传感器线束及接插件应尽量远离排气管,不小于20cm,并可靠固定,防止烧结。

(6)氧传感器(UEGO)及线束接插件应确保连接牢固,无松动,必要时汽车生产厂需要设计支架固定。

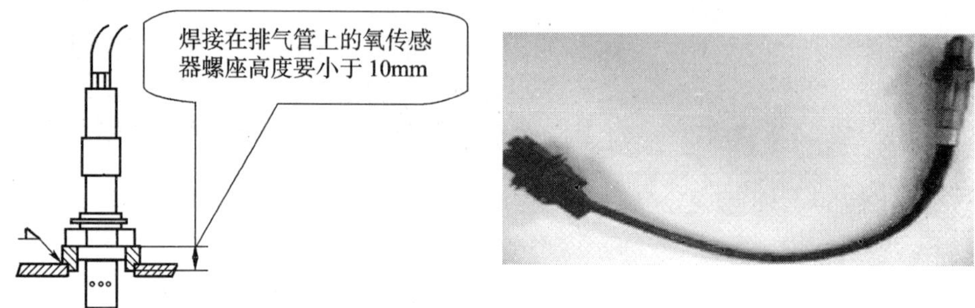

图2-26　氧传感器装配图及实物图

5)TMAP传感器

TMAP(进气压力和温度)传感器(图2-27)安装在电子节气门之后的进气管上,用来测量进气压力和温度。发动机电控单元(ECU)是通过TMAP传感器获得的信号来计算发动机空气进气量的,从而确定应供给的燃气量。同时,也给控制增压压力提供一个测量值。

PTP传感器。PTP(进气压力)传感器(图2-27)安装在电子节气门之前。仅用来测量压力,作为计算进入发动机空气流量的修正参数,为涉及燃气量修正的充气效率(VE)提供基准。

图2-27　TMAP、PTP传感器实物图

OH 2.0系统中,有许多错误代码的判断需要PTP参数作为参考。

安装要求:

(1)测量探头应与气流方向垂直并置于气流中。

（2）PTP/TMAP 传感器出厂前已安装好，整车厂及用户严禁随意拆换。

6）湿度传感器

湿度传感器（图 2-28）的作用：通过测量进气压力、温度、湿度，并根据所测得的湿度、压力修正空燃比来补偿环境所造成的影响，使发动机运行在最佳状态。工作温度 -40 ~ 105℃，测量范围 0 ~ 100% RH。

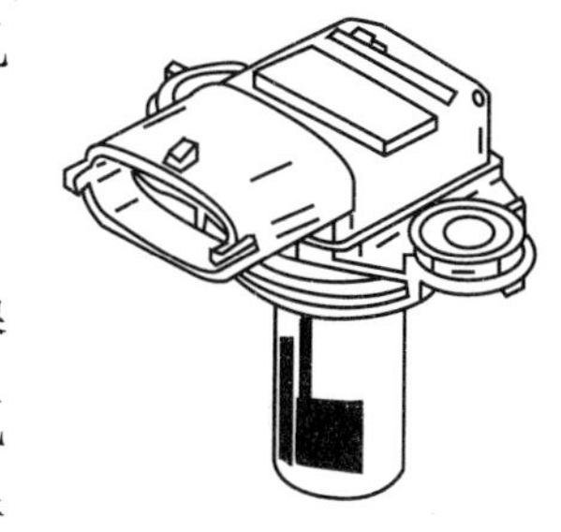

图 2-28　湿度传感器实物图

安装要求：该传感器要求安装在空气滤清器和增压器之间的空气管路上；尽量远离呼吸器和空气压缩机进气口；为保证其测量值正确，安装时使其平行于气流方向，并且温度、压力探头必须置于气流中。

7）废气控制阀

废气控制阀的作用：与增压器的放气阀连接（图 2-29），控制增压器废气门驱动气室的气体压力。on/off 电磁阀的开启频率为 30Hz 或 50Hz。

废气控制阀使用时注意事项：

（1）如果通至阀门的空气被污染，阀门的隔网可能堵塞。

（2）连接管路长度不可更改，否则增压控制可能不稳。

（3）消声器仅用做隔声。

（4）如果空气连接断开，发动机功率过大可能会损坏发动机，或者产生故障码（该故障码通过限制节气门来保护发动机和降低功率）。

（5）如果电气连接断开，则发动机功率下降。

废气控制阀实物图如图 2-30 所示。

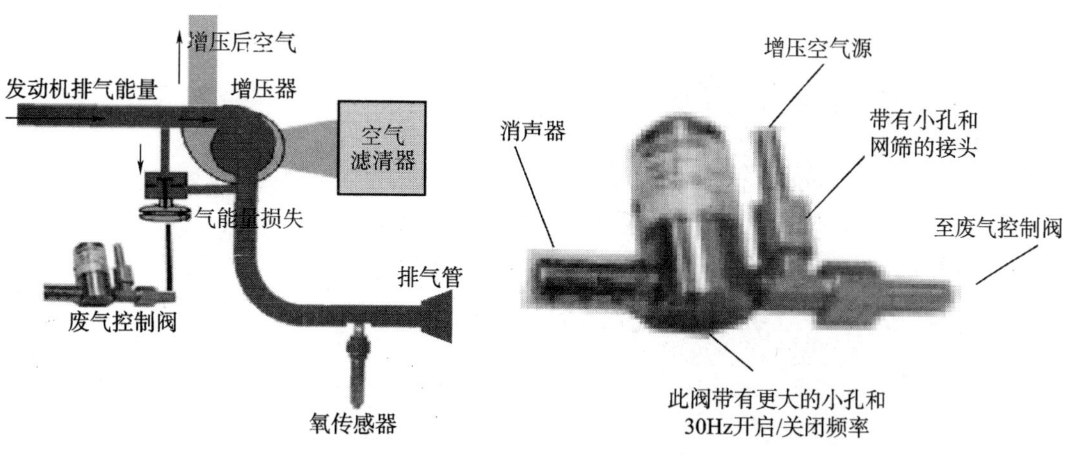

图 2-29　增压压力示意图

图 2-30　废气控制阀实物图

废气控制阀 PWM 信号：

(1)当 DC% =0 时，电磁阀关闭，压缩空气全部用来推动增压器废气阀，使其完全打开，从而推动增压器工作的排气能量减少，最终降低增压力。

(2)当 DC% =100% 时，电磁阀开启，压缩空气泄漏量最大，增压器废气阀在弹簧力作用下趋向关闭，从而使增压器工作的排气能量增多，增压压力升高。

增压控制逻辑为：

(1)MAP 小于设定增压压力，DC% 增加。

(2)MAP 大于设定增压压力，DC% 减少。

第三节　安全保护装置结构与工作原理

因为 LNG 是一种易蒸发、易泄漏、易燃易爆的深冷液体，所以作为车用燃料时，燃料供给系统和整车的安全防护的设计必须更加周密，加装安全阀、过流阀、静电拖等安全保护装置，以确保其运行的安全可靠性，尤其是道路旅客运输的客车。

LNG 汽车的安全保护装置有：LNG 专用装置上的安全阀、截止阀、止回阀、过流阀、气瓶缓冲罐和漏气自动报警装置、静电拖及发动机舱自动灭火装置。

1. 安全阀

安全阀：一种自动阀门，它不借助任何外力而利用介质本身的力来排出一额定数量的流体，以防止压力超过定额的安全值。当压力恢复正常后，阀门自行关闭阻止介质继续流出。

为了提高车用气瓶的安全性，在车用气瓶的设计上布置了二道安全阀，分别是一级安全阀和二级安全阀。同时在自增压系统上也设置了安全阀(图 2-31)。

图 2-31　LNG 气瓶安全阀

安全阀工作原理如下。

1)气瓶一级安全阀

因气瓶外壁与自然空气相接触，气瓶外壁渐渐会吸收空气中的热量，通过内、外壁之间的介质和连接部件缓慢地将热量传递给气瓶内壁，使存储在气瓶内的液体微微吸热汽化，从而使气瓶压力上升，当瓶内气体压力上升到一级安全阀设定压力(设计限压为 1.60MPa，但在实际使用中为了减少排气损耗，在车用气瓶出厂时通常适当提高了设定压力,查特公司将一级安全阀限压调整到了 1.93MPa,富瑞特装公司将一级安全阀限压调整到了 1.91MPa)时,高压的天然气顶开一级安全阀从气瓶排出卸压,确保气瓶承载压力的安全性。排放的气体直接排向大气中,在设计时将一级排放阀的排气口设置到客车车顶部位,以便直接排放到大气中。

2)气瓶二级安全阀

二级安全阀(设计限压为 2.4MPa)主要是在一级安全阀损坏或冰堵无法排气时,起到备用排气功能。这是一项二级保护措施。

3)气瓶自增压系统安全阀

气瓶自增压系统的汽化器(管路)两端都设置有截止阀,两只截止阀中间的管路上也设置了安全阀。如果同时关闭截止阀,或只关闭增压回气阀时,管路中的 LNG 液体汽化成气体,体积膨胀 600 倍,当压力上升到安全阀设定压力(设计限压为 2.4MPa),自增压系统安全阀泄放压力,保证自增压管道的安全。

2. 截止阀

截止阀是供给或中断天然气输送的阀门。车用气瓶上通常设置出液截止阀、排气截止阀(也称回气截止阀)和自增压系统中的增压出液阀和增压回气阀(图 2-32)。

截止阀,又称截门,是使用最广泛的一种阀门之一,它之所以广受欢迎,是由于开闭过程中密封面之间摩擦力小,比较耐用,开启高度不大,制造容易,维修方便,不仅适用于中低压,而且适用于高压。截止阀的闭合原理是,依靠阀杆压力,使阀瓣密封面与阀座密封面紧密贴合,阻止介质流通。由于该类阀门的阀杆开启或关闭行程相对较短,而且具有非常可靠的切断功能,又由于阀座通口的变化与阀瓣的行程成正比例关系,非常适合于对流量的调节。

截止阀(图 2-33)只许介质单向流动,安装时有方向性。

图 2-32　车用气瓶上的截止阀

图 2-33　截止阀实物图

3. 止回阀

只允许天然气沿单一方向流动、防止天然气逆向流动的阀门。止回阀又称单向阀或逆止阀(图 2-34),顾名思义只能单向通行。止回阀用于液压系统中防止液流反向流动,或者用于气动系统中防止压缩空气逆向流动。

安装止回阀时,应特别注意介质流动方向,应使介质正常流动方向与阀体上指示的箭头方向相一致,否则就会截断介质的正常流动。

4. 过流阀

1)出液过流阀(图 2-35)

图 2-34　止回阀实物图

图 2-35　出液过流阀实物图

假设出液管路断裂,液体喷出,过流阀将紧急切断供液管路,实现阻止液体大量泄漏的功能。

2)自增压管路过流阀(图 2-36)

(1)液相过流阀。假设自增压汽化器管路断裂,液体喷出,过流阀将紧急切断管路,实现阻止液体大量泄漏的功能。

(2)气相过流阀。假设自增压汽化器管路断裂,气体喷出,过流阀将紧急切断管路,实现阻止气体大量泄漏的功能。

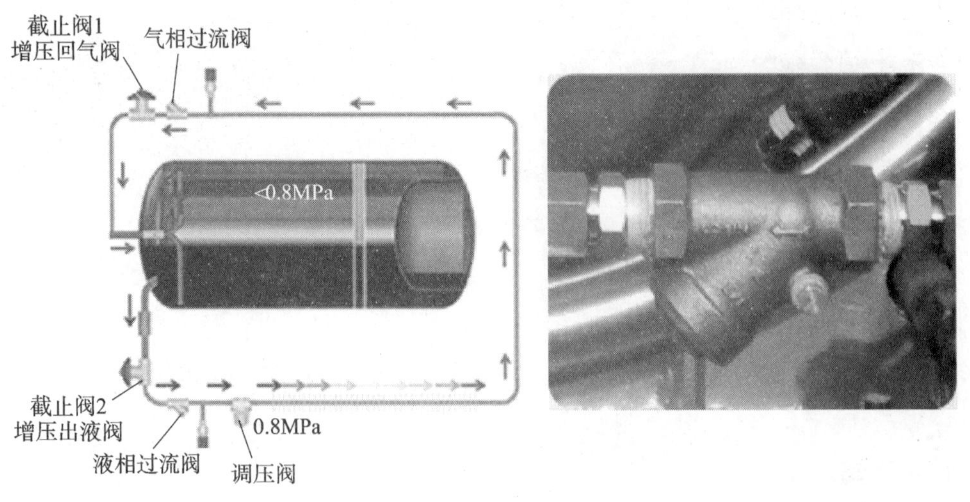

图 2-36　自增压管路过流阀

5. 漏气自动报警装置

为了防止 LNG 的泄漏，在设计客车供气系统时分别在气瓶口、加液口、缓冲罐和发动机舱四个位置上安装了报警器（图 2-37）。当发生 LNG 泄漏时，传感器周围甲烷浓度达到 25×10^{-6} 时报警，蜂鸣器即自动报警发出蜂鸣声，并联的报警灯同时点亮，从而及时告之驾驶员需要停车检查，排除故障，消除安全隐患。

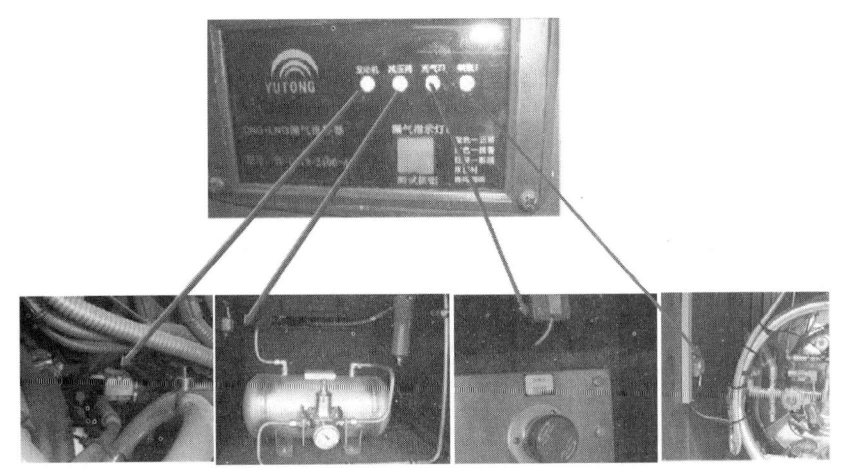

图 2-37　宇通客车漏气报警器位置图

6. 静电拖

天然气是一种无色、无味的气体，一旦发生泄漏，驾乘人员不易觉察。天然气遇火易爆燃，所以在天然气客车上要求安装静电拖（图 2-38），就是为了防止静电引发火灾事故。

汽车与自然环境、汽车与汽车乘员之间的静电电荷转移是一个普遍现象。在干燥的气候条件下，车辆在高速行驶过程中与空气的剧烈摩擦会在车身上积累大量的正电荷，高速行驶的车身上积累的正电荷在车身金属边角处形成的电位可以达到几百伏、上千伏。乘员的衣服与车身的摩擦接触也会积累正电荷。安装静电拖，相当于对汽车安装了一根接地线，从而使静电及时释放，避免静电产生火花而引发火灾事故。

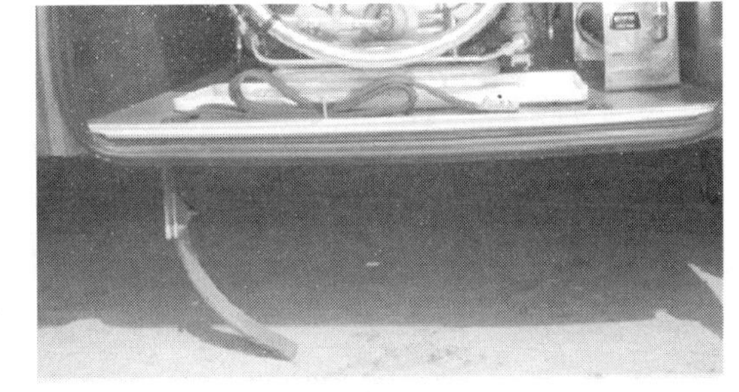

图 2-38　LNG 客车上静电拖实物图

7. 气瓶缓冲罐

查特公司有一项专利技术，即气瓶内的缓冲罐（图 2-39）。查特公司专门在气瓶内设计了一个缓冲罐,容积为罐体盛液容积的10%,缓冲罐的底部有一个直径为$\phi2\sim\phi3$mm的小孔,液体充装时,瓶体内的液体会缓慢进入到缓冲罐内,直至缓冲罐充满。在给没有缓冲罐的气瓶充装LNG液体时,100%满充甚至过充会产生严重的安全问题,而瓶内缓冲罐的设计可以避免过充,因为加注机的单位流量大大高于缓冲罐小孔的单位流量,LNG加注机停机后,使气瓶内的一部分液体缓慢流入缓冲罐内,最后使得瓶体的顶部保留了一定的气相空间,提高了气瓶的安全性。

8. 发动机舱自动灭火装置

JT/T 325—2013《营运客车类型划分及等级评定》8.1.6条规定:后置发动机客车的发动机舱内应安装温度报警系统和自动灭火装置。因为大中型客车的发动机大都采取后置式布置,发动机的冷却效能相对较差,尤其是天然气发动机的排气温度比柴油机要高一些,所以发动机舱自动灭火装置(图2-40)更显必要了。诚然,发动机舱的安全性,客车生产厂的优化设计和优化配置是首要前提。

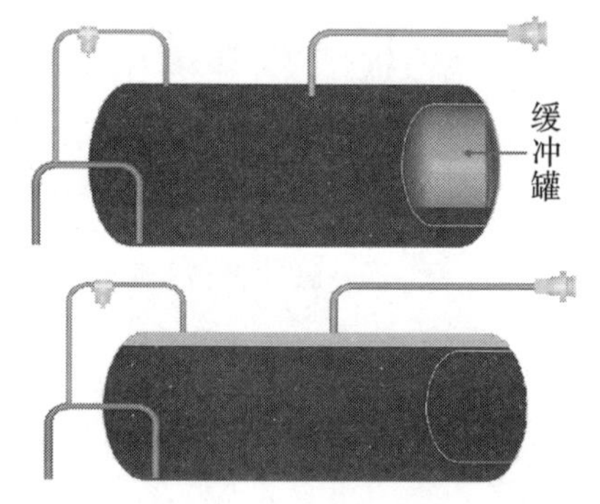

图2-39　气瓶缓冲罐示意图

图2-40　发动机舱自动灭火装置实物图

目前,发动机舱内的自动灭火装置主要有两种类型,分别是非储压悬挂式超细干粉灭火装置(图2-41)和储压式悬挂超细干粉灭火装置(图2-42)。

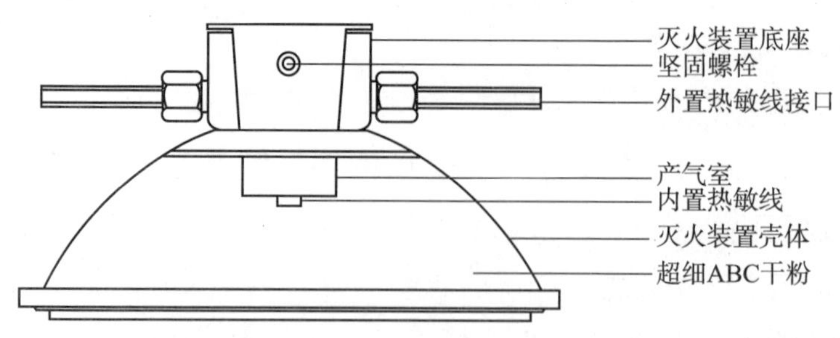

图2-41　非储压悬挂式超细干粉灭火装置

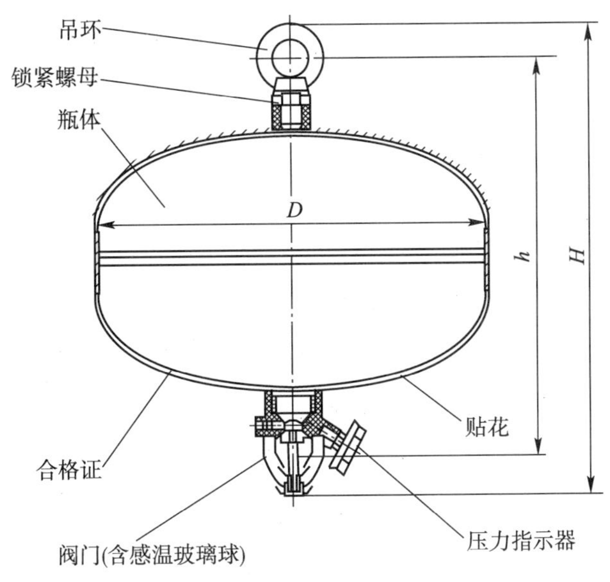

图 2-42　储压式悬挂超细干粉灭火装置

非储压悬挂式超细干粉灭火装置的结构为密封膜结构，在壳体内置产气盒组件，外挂热引发器即导火索与产气盒内导火索连通，在正常情况下，喷口处由铝制密封膜予以封闭。起火时，火焰引燃导火索或温度升高，达到一定温度（超过 170℃）时，由电引发器引燃导火索，引发产气盒内的易熔剂熔化产生高压气体，推动超细干粉破开密封膜进行灭火。该灭火装置采用全封闭防水结构，性能可靠，解决了由于油污、水渍对热敏线的侵蚀而造成灭火装置不启动的问题。具有内置、外置热敏线和电启动功能，可以满足发动机舱的需求。同时该灭火装置具有灭火速度快，灭火药剂毒性低，使用安全等特点。一般后置发动机舱应配置该灭火装置 3 ~4 只，其有效期一般为 3 年。

储压式悬挂超细干粉灭火装置是在喷淋头的喷嘴处部位装有感温玻璃球，在正常情况下，玻璃球的上端顶住喷嘴处的密封片。起火时，火苗引燃热引发器至玻璃球内的液体因受热膨胀后自动胀碎，密封片自动跌落，灭火装置内的干粉药剂在氮气作用下自喷嘴喷出，通过溅粉盘喷洒出灭火剂进行灭火。该灭火装置具有灭火速度快，灭火效率高，使用安全等特点。使用中应定期（每月一次以上）检查该灭火装置的压力表指针，当指针低于绿区时应再充装及维修。每 5 年必须进行灭火装置的瓶体水压试验，经 2.3MPa 的水压试验合格后方可继续使用。同时注意保护好该灭火装置上感温玻璃球，不得有碰撞及敲打等损害玻璃球的行为，因一旦玻璃球不慎爆破也将自动喷射灭火剂，危及人身安全。车辆维修作业时，应注意避免 100℃以上的高温接触热敏线,以免误动作引爆该灭火装置。

第四节　天然气发动机的改进

一、概述

单燃料气体发动机,其结构是在原汽油机或柴油机的基础上针对气体燃料特点改进设计,以保证气体燃料被有效利用的内燃机。

单燃料气体发动机一般分为两类:一类是基于汽油机设计而成,结构改动较少;另一类是基于柴油机设计而成,改动较大。对于第二类发动机,需要去掉原机的燃油供给系统,增加一套点火系统,而且发动机的压缩比等参数需要进行优化调整,对缸盖、活塞、活塞环、进排气系统需要进行改动,水泵、增压系统需要重新匹配。

1. 潍柴天然气发动机与柴油机的区别

潍柴天然气发动机是在柴油机基础上设计而成,与柴油机主要区别如下:

(1)取消柴油机燃油供给系统(如高压油泵、喷油器、高压油管等),增加燃气供给系统(如气瓶、电磁阀、减压器、热交换器、节喷射阀等)。

(2)燃烧方式采用点燃式(汽缸盖的喷油器安装孔改为火花塞安装孔),增加点火控制系统(如点火模块ICM、点火线圈、高压线、火花塞等)。

(3)为防止爆震,天然气发动机压缩比比柴油机压缩比小,燃烧室形式(活塞)与柴油机不同。

(4)增加信号发生器,用于判缸和测量发动机转速。

(5)增加混合器和电子节气门,使天然气和空气在混合器中充分混合,节气门用于控制发动机的功率输出。

(6)针对燃气机排温高的特点,采用水冷增压器,采用耐磨、耐高温材料的进、排气门座,采用带隔热材料的排气管。

(7)与柴油机相比空燃比大,同功率下所需空气量多。

2. 天然气发动机燃烧特性

1)空气进气量对功率影响大

天然气发动机不能一味通过加大燃料的喷射量来提升功率,只有进气压力增加,进气流量增加,发动机才能够获得更大转矩和功率。发动机对进气调节控制能力决定发动机性能。否则发动机发生爆震,过多燃料导致排放急剧恶化,燃料经济性下降。

2）天然气发动机使用稀燃技术

足够的空气燃烧完所有的燃料，燃烧后无氧气和燃料残留，此时的空燃比称为理论（当量）空燃比。通常空燃比是以质量比给出，用过量空气系数 λ 表示，混合气中富余燃料称为浓，富余空气称为稀。

天然气发动机正常工作的过量空气系数范围：$1.11 < \lambda < 1.54$。

稀燃需要高能长时间的点火，因为高增压，需要小的火花塞间隙。

发动机稀燃具有经济性好，排放性好，减小发动机热负荷的优点。

3）天然气发动机抗爆性

天然气因为火焰传播速度慢，末端混合器容易在正常火焰未到达之前自燃，从而引起爆震。天然气发动机爆震是一种不正常燃烧，是在压缩行程汽缸内末端混合气自燃。发生爆震后，发动机动力性、经济性将急剧恶化，发动机寿命大大减少。

天然气发动机只能在爆震极限范围内正常燃烧工作。潍柴天然气发动机压缩比经过精确计算和试验验证，设计为 10.5 ~ 11.5，既满足了抗爆性，又提高了发动机热效率。

可导致爆震的主要因素包括：

（1）过多的积炭（过高的机油灰分）。

（2）机油消耗过大，发动机过浓燃烧。

（3）燃料过浓。

（4）中冷器污染（过高进气温度）。

（5）增压不能控制或过高。

（6）点火定时不准。

（7）燃料品质差（低辛烷值）。

4）天然气发动机闭环控制

发动机控制系统的氧传感器可时刻监测排气成分的氧含量，把此信号传给 ECU，ECU 通过对比标定值，控制 FMV 喷气量的增减，从而使修正后的空燃比接近目标值，实现闭环控制。

混合气浓度过浓或过稀都会导致天然气发动机出现失火现象，失火后发动机动力性下降，排放性能恶化。

天然气发动机的失火极限范围为：$0.7 < \lambda < 1.6$。防止失火采取的措施及失火产生的可能原因有：

(1)发动机标定时包含了失火极限以防止最初的失火。

(2)高湿度使得失火余度降低。

(3)点火系统零部件失效。

5)天然气发动机燃烧温度高

气体机的热负荷高于柴油机,这是因为其燃烧方式不同造成的。一般点燃式的都比压燃式的高,因为燃烧剧烈导致压燃的效能高。

一般我们使用的内燃机主要有两种,即汽油机和柴油机,并分别对应两种不同的燃烧方式。即汽油机是均质混合气点燃,火焰传播燃烧,热力过程接近定容燃烧,缸内最高燃烧温度高;柴油机是采用压燃,燃料边混合边扩散边燃烧,热力过程包括定容和定压过程,缸内最高燃烧温度比汽油机低。

天然气发动机采用汽油机的燃烧方式。因此缸内温度比柴油机高。一般从柴油机改装的天然气发动机,为了降低热负荷,常采用稀燃的方式。而从汽油机改装的天然气发动机,则不需要使用稀燃技术。

3. 发动机特性曲线比较

针对燃气机的燃烧特点,优化增压器性能和电控系统标定,使燃气发动机的气耗曲线更平缓,适应比较复杂的道路情况。

(1)潍柴天然气发动机与柴油机的特性曲线图比较(图 2-43、图 2-44)。

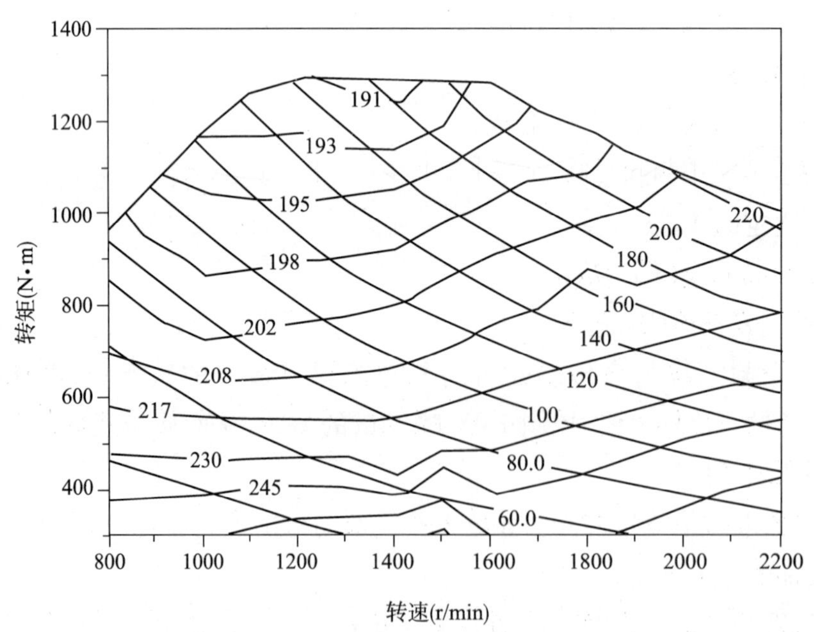

图 2-43 潍柴气体机 WP10NG300E40 万有特性曲线

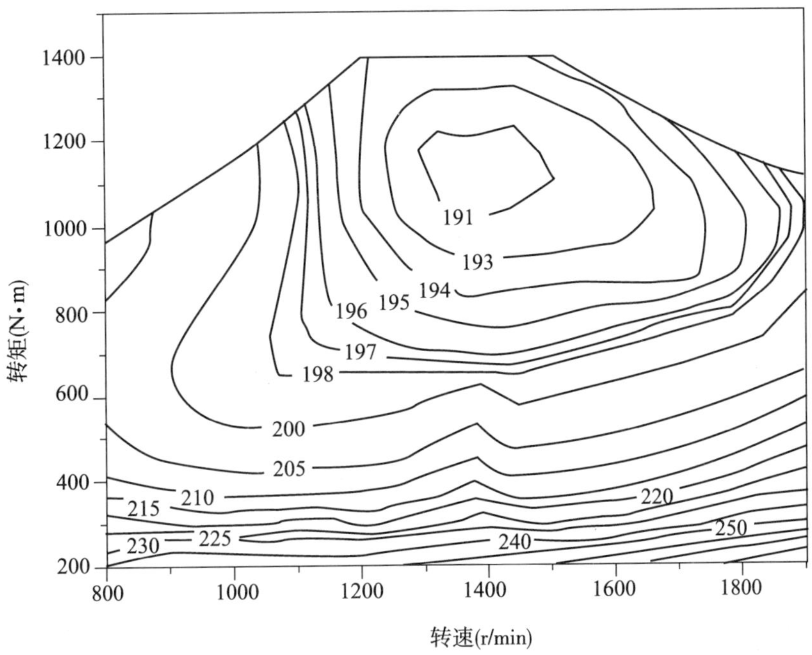

图 2-44　潍柴柴油机 WP10.300 万有特性曲线

(2)玉柴天然气发动机与柴油机的特性曲线图比较(图 2-45、图 2-46)。

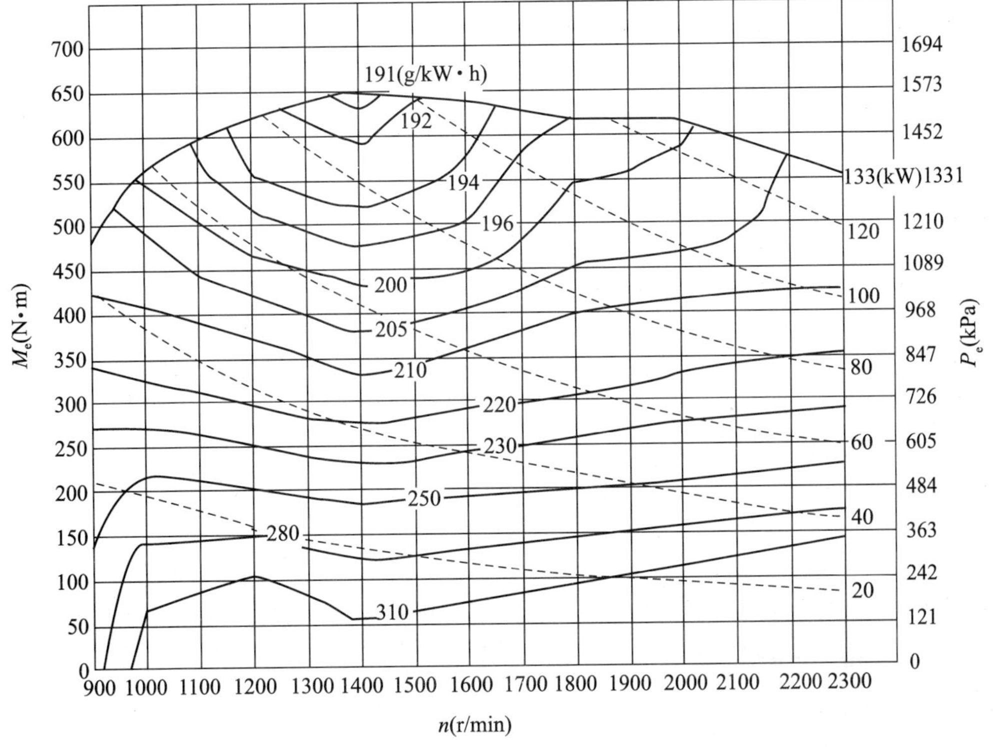

图 2-45　玉柴气体机 YC4G180N-40(G2J00)万有特性曲线图

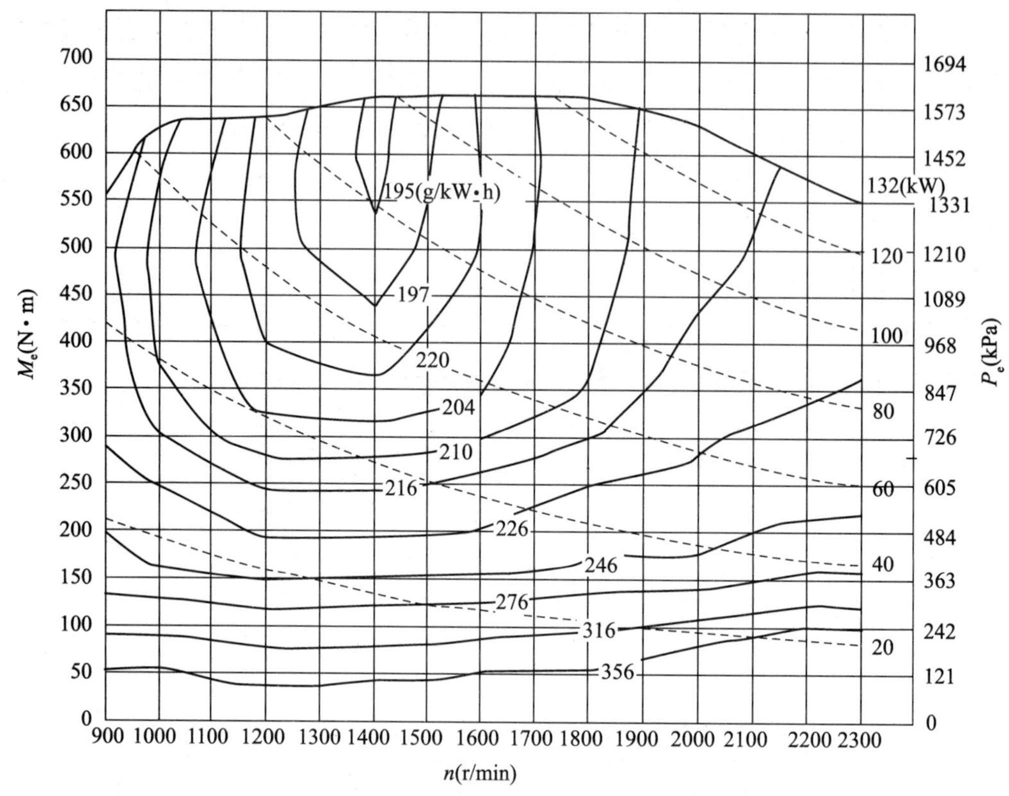

图 2-46　玉柴柴油机 YC4G180-40 万有特性曲线图

二、天然气发动机的改进

在柴油机的基础上,天然气发动机对一些部件进行了改进。

(1)压缩比:天然气的辛烷值为 130,汽油的辛烷值为 90 ~ 98,天然气发动机的压缩比比汽油机高一些(表 2-5)。

柴油机与天然气发动机比较　　表 2-5

指　标	柴油机	天然气发动机	汽油机
辛烷值		130	90 ~ 98
压缩比	14 ~ 16	10.5 ~ 11.5	8 ~ 11

压缩比 ε:压缩前气体在汽缸中的最大容积与压缩后的最小容积之比为压缩比,用 ε 表示。压缩比等于汽缸总容积 V_a,与燃烧室容积 V_c 之比,即:

$$\varepsilon = \frac{V_a}{V_c}$$

式中:V_a——汽缸总容积,是汽缸工作容积加上燃烧室容积,即活塞在下止点时其顶部以上的容积;

V_c——燃烧室容积,即活塞在上止点时,其顶部和汽缸盖凹部空间(包括汽缸衬垫在汽缸相应位置上的空间在内)。

压缩比越大,在压缩终了时混合气的压力和温度越高,燃料燃烧速度也越快,因此发动机发出的动力也越大,热效率越高,经济性越好。人们把汽油机发展史用压缩比提高史来衡量,是有一定道理的。发动机设计时既要努力想方设法提高压缩比,又要充分预计到压缩比提高后,要出现爆震等问题。而对使用者来说,必须正确选用燃油牌号,以适应发动机抗爆需要。

(2)活塞(图 2-47)。

采用加大内冷振荡油道活塞:①可以多带走 30% 的热量;②更高的进气紊流,可以提高燃烧速度 10%;③最高爆发压力为 10MPa,对曲轴及轴瓦的磨损更低。

(3)活塞环(图 2-48)。

优点:①刮油量大。②耐磨性能好。③传热性能好。

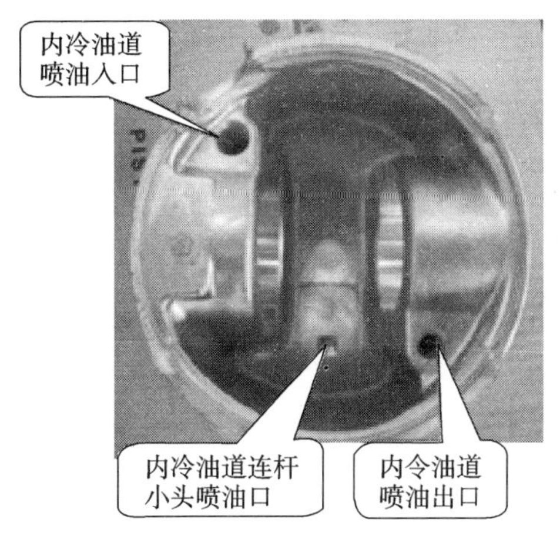

图 2-47　活塞实物图

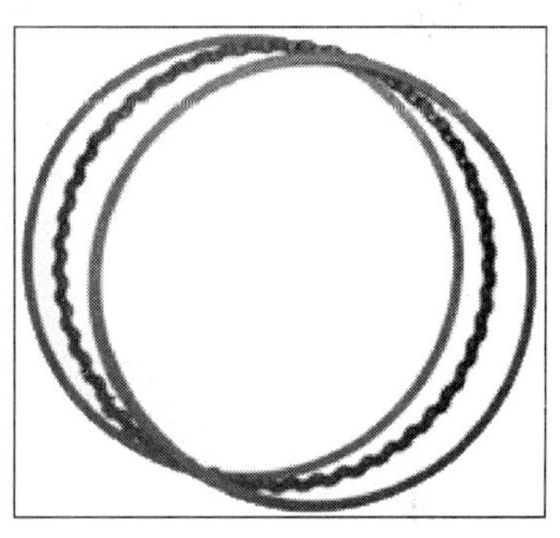

图 2-48　活塞环

(4)气门及座圈(图 2-49)。

燃气机专用气门座圈及气门:①耐高温;②耐腐蚀;③自润滑性能好;④气门阀座和气门寿命与柴油机相同。

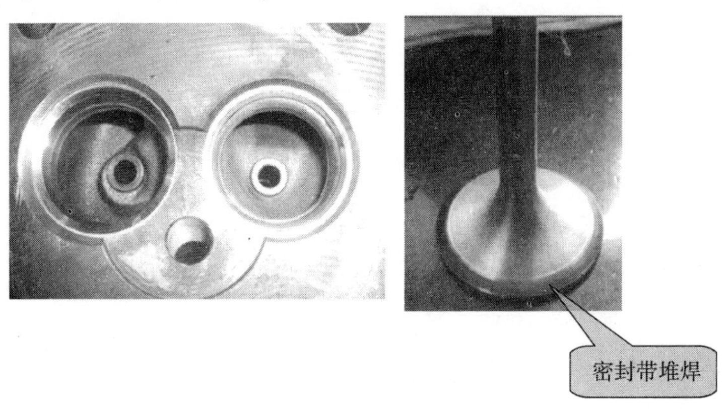

图 2-49　气门及座圈

(5)气门密封圈(图 2-50)。

气体机专用气门密封圈:①提高对气门杆的密封性能;②有效降低机油消耗。

(6)专用涡轮增压器(图 2-51)。

采用加大流量水冷增压器:①水流量加大;②通过冷却液冷却机油降低增压器温度。

图 2-50　气门密封圈

图 2-51　涡轮增压器

(7)排气歧管(图 2-52)。

隔热材料排气管:可以降低排气管温度 30 ~ 50℃。

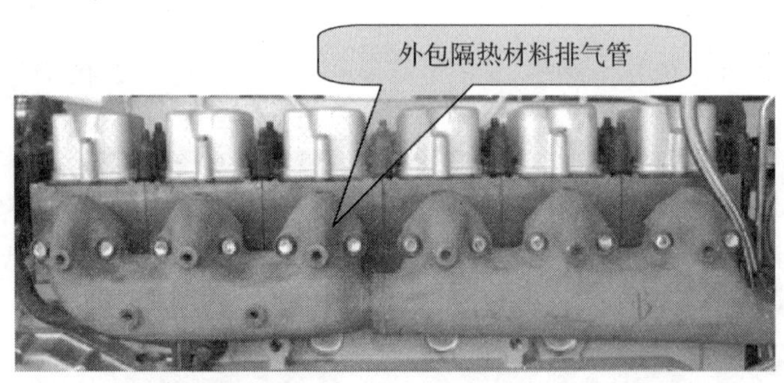

图 2-52　排气歧管

(8)供水系统设计(2-53)。

单独的水循环:发动机出水管- > 水浴式汽化器- > 水泵进水管

发动机出水管- > 热交换器- > 节温器- > 水泵进水管

增压器出水管- > 水泵进水管

注意:水浴式汽化器安装位置不高于发动机出水管。

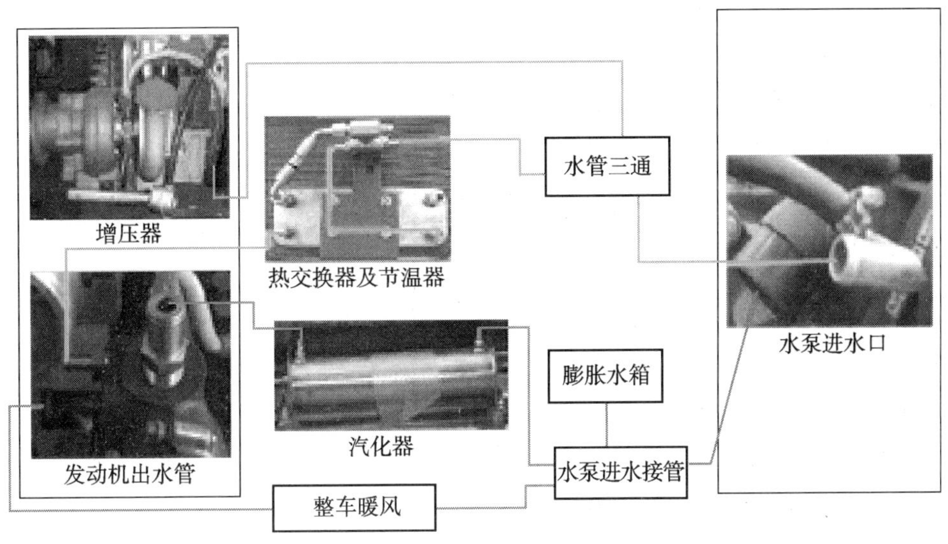

图 2-53　供水系统设计

三、天然气发动机的技术发展途径

1)第一代天然气发动机使用非增压预混合技术

技术特点:

①文丘里式混合器进气总管混合;

②机械式节气门控制;

③空燃比闭环控制;

④理论空燃比燃烧。

典型系统:LANDIRENZO

不足之处:

①燃料控制不精确,燃料消耗较高。

②排气温度高。

③容易引起发动机回火。

2)第二代天然气发动机使用电控预混合技术

(1)技术特点:

①比列混合器进气总管预混合。

②电子节气门控制。

③空燃比闭环控制。

④能够实现稀薄燃烧达到欧Ⅲ、欧Ⅳ排放要求。

典型系统:ECONTROL。

(2)不足之处:

①没有喷射阀,燃料控制不精确,燃料消耗较高。

②起动加速性差。

3)第三代天然气发动机使用电控单点喷射技术

(1)技术特点:

①电控喷射、进气总管预混合。

②电子节气门控制。

③增压压力闭环控制。

④空燃比闭环控制。

⑤能够实现稀薄燃烧达到欧Ⅲ、欧Ⅳ排放要求。

典型系统:WOODWARD OH1.2。

(2)不足之处:无法实现更低的燃料消耗。

4)第四代天然气发动机使用HPDI缸内喷射技术

(1)技术特点:

①缸内燃气直接喷射。

②超稀薄燃烧。

③保持原柴油机动力性水平。

④能够达到欧Ⅴ或更高排放要求。

⑤燃料消耗低。

典型系统:WESTPORT。

(2)不足之处:成本较高。

第五节　常用发动机的主要技术参数(潍柴、玉柴)

一、潍柴

(1)潍柴发动机型号含义(表2-6)。潍柴发动机型号由阿拉伯数字和大写英文字母表示,其组成结构如下:

WP	10.	300	(NG)	(E30)
丨	丨	丨	丨	丨
1	2	3	4	5

潍柴发动机型号含义　　表 2-6

序号	代表含义
1	表示厂家代号;WP 表示“潍柴”
2	表示发动机排量;5 表示 4.98L,6 表示 6.75L,7 表示 7.47L,10 表示 9.726L,12 表示 11.596L
3	表示发动机马力;此参数表示发动机的实际马力
4	表示发动机类型;NG 表示天然气发动机的总称,包括 CNG(压缩天然气)和 LNG(液化天然气);N 表示发动机为降转速提转矩柴油发动机;无此位表示正常类型柴油发动机
5	表示发动机排放标准及技术路线;E3 表示国Ⅲ排放,0 表示第一代技术路线

(2)潍柴气体发动机主要技术参数(表 2-7)。

潍柴气体机主要技术参数　　表 2-7

项目 \ 机型	WP10NG260E30	WP10NG280E30	WP10NG300E30
形式	直列、水冷、湿缸套、增压中冷、电控单点喷射、火花塞点火、稀薄燃烧		
汽缸数	6		
缸径/行程(mm)	126/130		
排量(L)	9.726		
额定功率(kW/ps)	191/260	206/280	221/300
额定转速(r/min)	2200		
最大转矩(N·m)/转速(r/min)	980/1400~1600	1060/1400~1600	1230/1400~1600
怠速(r/min)	700±50		
最高转速(r/min)	2400		
标准燃料	GB 18047《车用雅俗天然气》规定的 12T		
最低燃料消耗[g/(kW·h)]	≤195		
点火顺序	1-5-3-6-2-4		
冷态气门间隙(mm)	进气门 0.3;排气门 0.4		
配气相位(气门间隙:进气 0.3 排气 0.4)	进气门开　上止点前 34°~39° 进气门闭　下止点后 61°~67° 排气门开　下止点前 76°~81° 排气门闭　上止点后 26°~31°		
起动方式	电起动		
机油牌号	15W/40CD 级以上 NG 专用机油		
机油消耗[g/(kW·h)]	≤1		

续上表

项目 \ 机型	WP10NG260E30	WP10NG280E30	WP10NG300E30
冷却方式	水冷强制循环		
机油压力(kPa)	350～550		
怠速机油压力(kPa)	≥100		
排放指标	国Ⅲ(带有氧化型催化器)		
1m 处噪声[dB(A)]	<95		
允许纵倾角度(°) 飞轮端/风扇端	短期 30/30,长期 10/10		
允许横倾角度(°) 排气管侧/喷射阀侧	短期 45/30,长期 45/15		
曲轴旋转方向(从自由端看)	顺时针		

(3)潍柴气体机主要螺栓螺母拧紧力矩和拧紧方法(表 2-8)。

潍柴气体机主要螺栓螺母拧紧力矩和拧紧方法 表 2-8

螺 栓 名 称	螺栓规格	拧紧力矩(N·m)+再扭转角度(°)	允许重复使用次数
主轴承螺栓	M18×10.9	250_{0}^{30}	
连杆螺栓	M14×1.5	120+(90°±5°) (同时达到 170～250N·m)	0
汽缸盖主螺栓	M16	(同时达到 240～340N·m)	3
飞轮螺栓	M14×1.5	(同时达到 230～280N·m)	2
飞轮壳螺栓	M12	(同时达到 110～140N·m)	2
凸轮轴齿轮螺栓	M8	32～36	
正时惰轮轴螺栓	M10	(同时达到 100～125N·m)	3
曲轴带轮压紧螺栓	M10	60	
喷油器压板螺栓	M8	10～12	
排气管螺栓	M10	50～70	2
排气歧管螺栓	M10	15N·m+60°	
喷油泵齿轮压紧螺母	M24×1.5	250～300	
火花塞	M14×1.25	20～40N·m	
氧传感器	M18×1.25	50N·m±5N·m	
冷却液温度传感器	M20×1.5	25N·m±5N·m	

二、玉柴

1. 玉柴发动机型号含义

1)玉柴产品型号的组成

产品型号由阿拉伯数字和大写英文字母表示，其组成结构如下：

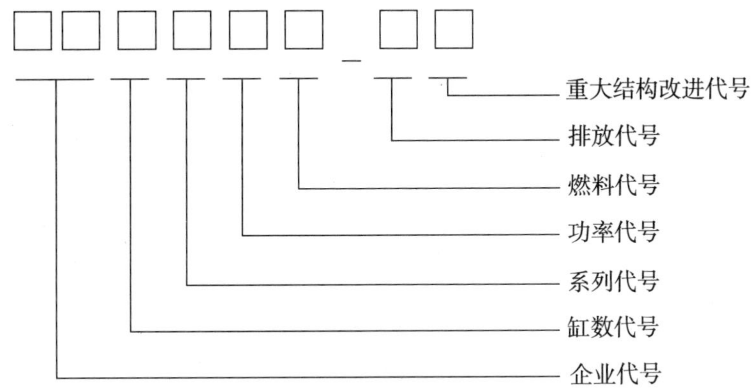

2)编号方法

(1)企业代号。企业代号统一用"玉柴机器股份有限公司"的标志"YC"表示。

(2)缸数代号。缸数代号按发动机的缸数用阿拉伯数字表示，如 6 缸用"6"表示；4 缸用"4"表示。

(3)系列代号。发动机产品以缸径和行程为系列，同一缸径和行程使用同一系列代号。

系列代号用大写英文字母表示，依据产品开发顺序从 A 顺序编号，其编号参照(表 2-9)规定。

玉柴发动机系列代号含义　　表 2-9

系列代号	缸径×行程	系列代号	缸径×行程
A	108×132	M	120×145
B	108×125	N	
C	108×120	P	
D	108×115	Q	
E	110×112	R	
F	92×100	S	
G	112×132	T	145×165
H		V	
J	105×125	W	71×77
K		X	
L	113×140	Y	

当发动机的缸径或行程发生改变时,在系列代号后面增加改进顺序代号,改进顺序代号用大写英文字母表示。如:E 系列发动机第一次改变缸径或行程的机型,系列代号为 EA。

(4)功率代号。功率代号按发动机的实际功率(PS)用阿拉伯数字表示,功率代号的个位应当为 0 或 5。当发动机的实际功率个位不是 0 和 5 时,应按就近选取。

(5)燃料代号。燃料代号采用大写英文字母表示,具体按表 2-10 的规定执行。

玉柴发动机燃料代号含义 表 2-10

燃料代号	燃料名称
无符号	柴油
N	CNG、LNG 燃料
P	LPG 燃料

(6)排放代号。排放代号用阿拉伯数字表示,其编号方法参照表 2-11 规定。

玉柴发动机排放代号含义 表 2-11

排放代号	排放级别	排放代号	排放级别
无符号	国 0	5	国Ⅴ
1	国Ⅰ	6	国Ⅵ
2	国Ⅱ	7	国Ⅶ
3	国Ⅲ	8	国Ⅷ
4	国Ⅳ	9	国Ⅸ

(7)重大结构改进代号。重大结构改进代号用阿拉伯数字表示,从 0 开始顺序编号。无排放代号的产品,重大结构改进代号为 0 时,产品型号中无重大结构改进代号。

3)玉柴产品型号编制示例

(1)YC4A120 表示:4 缸、108mm(缸径)×132mm(行程)、120 马力、柴油、国 0 排放、第一种机型。

(2)YC6B185-21 表示:6 缸、108mm(缸径)×125mm(行程)、185 马力、柴油、国Ⅱ排放、第一次重大改进。

(3)YC6G215N-20 表示:6 缸、112mm(缸径)×132mm(行程)、215 马力、CNG 燃料、国Ⅱ排放、第一种机型。

(4)YC6M310-20 表示:6 缸、120mm(缸径)×145mm(行程)、310 马力、柴油、国Ⅱ排放、第一种机型。

(5)YC6M350-35 表示:6 缸、120mm(缸径)×145mm(行程)、350 马力、柴油、国Ⅲ排放、第五次重大改进。

(6)YC4EA180-30 表示:4 缸、E 系列、第一次改变缸径或行程的机型,180 马力、柴油、国Ⅲ排放、第一种机型。

(7)YC4FB160-32 表示:4 缸、F 系列、第二次改变缸径或行程的机型,160 马力、柴油、国Ⅲ排放、第二次重大改进。

2. 玉柴气体发动机主要技术参数

玉柴气体发动机主要技术参数见表 2-12。

玉柴气体机主要技术参数　　表 2-12

参数＼机型	YC6G260N	YC6G250N	YC6G230N
代号	CNG:G3R00(ESI)/G3E00(ECI) LNG:G3W00(ESI)/G3L00(ECI)	CNG:G3T00(ESI) LNG:G3X00(ESI)	CNG:G3S00(ESI)/G3D00(ECI) LNG:G3Y00(ESI)/G3J00(ECI)
形式	立式、直列、水冷、四冲程、CNG、LNG 单燃料发动机		
进气方式	增压中冷		
燃烧室形式	直桶型		
汽缸数(缸)	6		
汽缸直径(mm)	112		
活塞行程(mm)	132		
活塞总排量(L)	7.8		
压缩比	11:1		
标定功率(kW)	191	184	170
标定转速(r/min)	2300		
最大转矩(N·m)	980	920	850
最大转矩点转速(r/min)	1400		
活塞平均速度(m/s)	10.12		
全负荷最低比气耗[g/(kW·h)]	200		
最高空载转速(r/min)	2600±25		
着火顺序	1-5-3-6-2-4		
曲轴旋转方向	逆时针(面向功率输出端)		
排放	国Ⅴ		
排气温度(增压器后)(℃)	≤600		
润滑油	气体发动机专用润滑油		

续上表

机型 参数	YC6G260N	YC6G250N	YC6G230N
机油容量(L)	25.5(全新发动机加注机油量)		
冷却方式	闭式强制循环水冷却		
润滑方式	压力、飞溅混合式		
起动方式	电起动		
净质量(kg)	700		
外形尺寸(长×宽×高)(mm)	1233×810×1035		

注:外形尺寸会因配置不同而有所变化。

3. 玉柴气体发动机主要螺栓、螺母拧紧力矩

玉柴气体发动机主要螺栓、螺母拧紧力矩见表2-13。

玉柴气体发动机主要螺栓、螺母拧紧力矩　　表2-13

螺 栓 名 称	螺 栓 规 格	拧紧力矩(N·m)
主轴承螺栓	M18×10.9	180~260
连杆螺栓	M14×1.5	150~230
汽缸盖螺栓	M16	220~260
飞轮螺栓	M14×1.5	160~240
飞轮壳螺栓	M12	160~220
机油泵惰轮轴螺栓	M10	200~240
凸轮轴正时齿轮螺栓	M8	80~100
正时齿轮室盖螺栓	M10	27~34
机油泵安装螺栓	M10	20~28
凸轮轴止推垫片螺栓	M8	25~35
排气管螺栓	M10	81~87
进气管螺栓	M10	31~38
摇臂轴支座螺栓	M12	68~82
起动机螺栓	M10	80~100
空气压缩机齿轮螺母	M18×1.5	200~300
减振器螺母	M24×1.5	270~330
气门间隙调整螺钉锁紧螺母	M16	20~40
节温器壳体螺栓	M14×1.25	68~82
水泵安装螺栓	M18×1.25	61~68
油底壳放油螺塞	M20×1.5	34~47
油底壳螺塞	M20×1.5	41~47

第三章　LNG 客车的正确使用

第一节　LNG 客车的日常维护作业规范

日常维护是以清洁、补给和安全检视为作业中心内容，由驾驶员负责执行的车辆维护作业。

驾驶员应在出车前、行车中和收车后对车辆进行日常维护，除按 GB/T 18344—2001 规定的常规车辆维护外，还应对 LNG 专用装置进行清洁、补给和安全监视，保持燃料气瓶及其管路处于良好状态。重点检查燃料容量、工作压力、阀门与管路有无漏气、接头与连接部位有无松动和脱落、有无相互摩擦与拉曳等不正常现象产生。气瓶的进、出阀和汽化器及其连接管路处有否严重结霜冰冻。

深冷系统经过热循环有可能会使所有形式的机械连接（例如螺纹连接处）松动，这种松动极易出现。周期性的检查连接处并重新紧固是必要的。

发车前，先要查看前一天车辆运行、维修、加液等相关记录。检查 LNG 储液量，记录气压值和液位量数据，液位降至规定值以下时应立即加充 LNG 液态燃料。若发现气压表反映异常升至 1.5MPa 及以上时，应送修理厂进行维修。

起动发动机，检查供气系统的密封性。

行车中，应随时观察车辆各系统工作状况，当发现 LNG 专用装置有过热、过冷、异味等异常现象时，应立即关闭 LNG 储气瓶手动截止阀，并及时送修理厂进行维修。

收车后，检视 LNG 专用装置（燃气供气系统包括 LNG 储气瓶、手动截止阀、燃气过滤器、低压电磁阀、汽化器、电控调压器和混合器等）各部件工作状态及其连接和密封，要求状态正常且无松动、泄漏、损坏。气瓶及固定支架固定牢固、无损伤。检查静电释放带是否接地。

LNG 专用装置的阀门、管路等连接处密封性的检查可以用肥皂液检漏（图 3-1）。对阀门和管路的连接处喷洒上肥皂液后，观察其有否气泡产生，观察时间不少于 1min。

车辆结束当日运行后,驾驶员应观察并记录气瓶压力、液位量数据等,视情况关闭手动截止阀。

以上作业内容由驾驶员负责执行。

图 3-1 LNG 管路肥皂液检漏示意图

第二节 LNG 客车驾驶操作要求

任何新产品、新技术,只有了解掌握它的工作原理,正确地使用才能确保安全生产,并发挥其最大的效能。对于 LNG 客车,正确的驾驶操作,不仅是安全运行的前提条件,也是节能减排的主要措施。

一、正确驾驶操作要求

(1)起动前检查。

常规检查:机油、冷却液等。

检查气瓶与支架、燃气管路与支架固定是否牢固,天然气气管接头是否漏气。

检查传感器接头是否松动,线束是否有脱落靠近排气管,是否有磨蹭、拉曳。

检查燃气管路是否有磨损、裂纹。

检查各橡胶水管是否有老化、裂纹、压瘪。

检查燃气表压力是否正常,LNG 车辆燃气压力需高于 0.7MPa。

LNG 车辆需要观察液位量显示,判断瓶内的存液量。目前全国各地 LNG 加注站较少,如果万一因 LNG 燃料不足而发生车辆途中抛锚,会造成很大麻烦。而且液位传感器的故障率较高,关注气瓶中的液位量尤为重要。

(2)起动发动机。

注意先关闭所有舱门。在起动发动机前,拉好驻车制动器操纵杆,将变速器换至空挡,在空挡状态下,将钥匙转到“ON”位置,接通电源后应检查燃气泄漏系统工作是否正常、检查各仪表指示是否正常,然后等待 3 ~ 5s 后方可起动,保证燃气管路内能够充满燃气。

起动时间不能超过 10s,连续起动要间隔 30s;如果连续起动 3 次不能正常起动,则应仔细检查燃气系统以及电路系统有无故障。每次起动后,禁止大气门运转冷态发动机,冷起动后应逐渐提高发动机转速。起动时严禁猛踩加速踏板。

发动机起动后先要怠速运行,检查机油压力和冷却液温度,同时检查燃气管路有无结霜现象,不要起动后就猛踩加速踏板。冷车起动后先怠速热车,冷却液温度达到 40℃后再行车。汽化器是通过发动机的冷却液来加热工作的,如果发动机冷却液温度太低,LNG 汽化不良,燃气混合雾化不佳,气耗增加。温度太低时机油黏度大,运动阻力大也会增加气耗。预热后再低速行驶一段路程,从而使发动机达到足够的温度(大于 60℃),使汽化器工作良好,发动机进入正常工作状态。

发动机怠速时间严禁超过 10min。

(3)车辆起步。

确认燃气系统无泄漏,燃气压力和燃气量正常,空气压力过低报警灯已经熄灭,制动气压表气压至少达到 0.55MPa 以上,车辆才可以起步。起步前,应试踩制动踏板及松开驻车制动器操纵杆,确认制动系统无问题后车辆起步运行;起步时应严格遵守一挡起步的原则,严禁二挡起步。由于燃气车辆低转速时输出功率不高,使用的是电子点火系统,所以应改变以前的柴油车驾驶操作习惯,在加挡前可适当提速,但仍应尽量保持在发动机转速不超过 1500r/min 时换挡。

(4)行驶途中。

在行驶途中要注意机油压力、温度、气压等仪表是否正常,同时要随时注意燃气压力和液位计量表的变化,注意观察有没有异常的声音和异味。冷却液温度应保持在 85 ~95℃(冬季时客车一般只能达到 80℃,需要客车厂家优化设计,解决冬季时冷却液温度偏低的问题)。在行驶中可根据行驶的道路状况和车辆载质量选择合适的挡位,尽可能以经济车速行驶。正确驾驶、平稳地接合离合器,及时换挡,避免突然加速和紧急制动,减少车身和动力系统的负荷,在减速过程中应根据路况带挡滑行,有利于降低气耗。

(5)当车辆过积水路面。

当车辆过积水路面时应减速缓慢通过,以避免水溅到电器元件上,损坏电控系统。发动机严禁用水冲洗,只可用气枪冲或抹布擦,以防 ECU 控制单元进水烧坏,另外发动机各传感器进水会引起接触不良的故障,发动机厂也不保修,洗车时与涉水行驶时务必要注意。

(6)在车辆的使用过程中应注意 LNG 的气体泄漏检测系统的工作情况。一般客车燃气泄漏报警系统的传感器有四个,分别安装在发动机舱、加液口、气瓶口及稳压罐处。如果天然气浓度达到一定值就会引发报警,此时要及时停车检查。

(7)发动机熄火前应怠速 2 ~ 3min 再熄火,熄火前必须先关闭空调、灯光等用电设备,避免高速、大负荷运行状态下突然熄火。熄火后应再确认空调、暖风、前照灯等大功率用电设备开关处于关闭状态,拉紧驻车制动器操纵杆。如果停车时间比较长,应关闭电源总开关,并视需要关闭燃料截止阀。

二、自增压系统的使用

正常情况下,自增压系统的进、出截止阀都处于关闭状态。当气瓶内压力低于 0.7MPa,并且行驶中感觉始终是供气不足的情况下打开自增压系统的进、出截止阀。如果始终打开自增压系统,发动机的动力性会比较充足,但经济性则下降,势必造成 LNG 供气过量而产生浪费损耗。

为了确保自增压系统的安全使用,打开与关闭自增压系统(图 3-2)的操作要求如下。

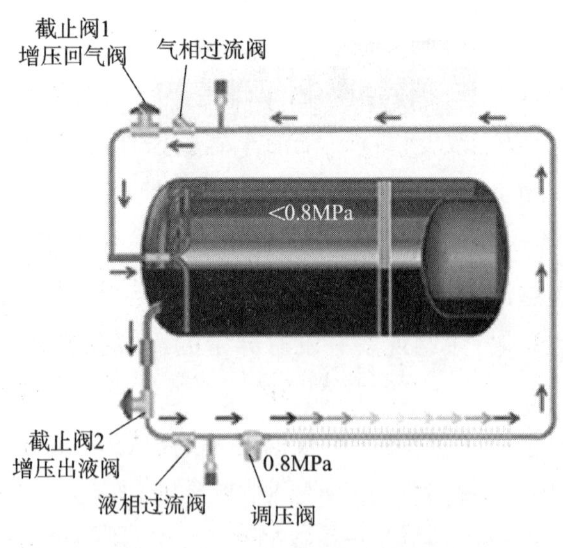

图 3-2　LNG 客车自增压系统

1. 打开自增压装置

(1)先打开截止阀 1（增压回气阀）。

(2)再打开截止阀 2(增压出液阀)。

(3)气瓶压力小于稳压阀设定压力。

(4)液体从气瓶流出进入自增压汽化器。

(5)液体吸热汽化后再回到气瓶内。

(6)实现气瓶增压。

2. 关闭自增压装置

(1)先关闭截止阀 2(增压出液阀)。

(2)再关闭截止阀 1(增压回气阀)。

不允许只关闭截止阀 1,而不关闭截止阀 2 的操作方法。

三、使用中注意的事项

(1)打开截止阀时,先要缓缓打开截止阀,让液体或气体先少量流动,不致产生较大的冲击力启动过流阀,平稳流动后再全部打开阀门,开到底后再倒回半圈,起到保护阀门的作用。

(2)供气系统上装有 4 只漏气报警传感器,报警传感器分别位于发动机舱、气瓶口、加液口、稳压罐部位(图 3-3),如管路发生气体泄漏,仪表台上的漏气报警器会红灯指示漏气位置,并发出报警声音,驾驶员可依据指示位置检查。

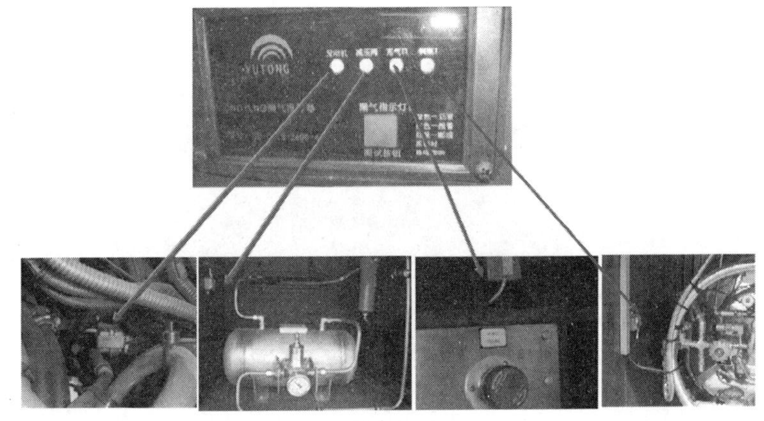

图 3-3　LNG 漏气报警装置示意图

(3)阀门被冻住时,应使用温水或氮气解冻,千万不能野蛮用力打开阀门,也不得用任何物品敲击冰块,否则会损坏阀芯、阀门和连接螺纹。

(4)切勿用手直接接触低温管道和阀件,如需要接触应戴好防护手套。发动机在工作时,瓶口阀体周边结霜(冰)是正常现象。

(5)LNG 客车气瓶中充满了 LNG,应尽快使用,避免长期存放蒸发损耗。对于长期存放的 LNG 客车,由于其瓶内压力变化较快,可能导致安全阀打开。再次使用之前需要进行放空操作;放空时,必须将放空气体引到安全的地方,否则将有引起火灾和爆燃的危险。

第三节　加注 LNG 时注意事项

LNG 是一种超低温液体,易汽化、易泄漏、易点燃,因此在运输、加注中必须严格按照操作规程作业。

一、LNG 的加注方式

我国汽车使用 LNG 燃料仅 10 多年,2003 年第一座 LNG 加注站在北京建成使用(图 3-4)。因建设 LNG 固定式加注站的安全许可审批的法规不全,导致 LNG 固定加注站的建设较为缓慢。为了适应目前市场的需求,积极推广应用 LNG 这种清洁能源,除了 LNG 固定加注站外,查特、富瑞等企业开发了 LNG 撬装站和 LNG 流动加注车,从而最大程度满足市场需求,解决加液难的困境。所以目前 LNG 的加注方式有:LNG 固定加注站、LNG 撬装站和 LNG 流动加注车。

图 3-4　2003 年第一座 LNG 加注站

1. LNG 固定加注站

我国第一座 LNG 加注站是 2003 年在北京建成使用,已有 10 年多的使用经验。建设 LNG 固定加注站技术、工艺成熟可靠,固定加注站(图 3-5)的储存容量大,损耗少,安全更可靠,可同时给多辆汽车加液,加注效率高。但占地多,审批程序复杂,建设成本高。

图 3-5　LNG 固定加注站

2. LNG 撬装站

所谓撬装站(图 3-6)就是 LNG 储罐和充装工艺、控制设备都安装在一个或二个集装箱撬块上,可整体搬迁。它的主要特点:

(1)机动灵活,整体尺寸较小,占地少。不依赖天然气管网,只需用 LNG 槽车来运载 LNG 作为气源。可根据市场需求随时改变加气站地点,在城市尤为适宜。

(2)安全、环保,能耗低。LNG 已经经过了净化处理,无须压缩、冷却、脱水、脱硫等电力消耗较大的装置,整个生产工艺中省去了天然气净化设备和空气压缩机,大大减少了配套设施,不仅节约了设备造价。审批程序简便,可量身定制,现场安装快,建设周期短,根据需要储罐容积可设计成 30 ~ 60m^3,使用很方便。

图 3-6　LNG 撬装站

3. LNG 流动加注车

LNG 流动加注车(图 3-7)使用方便,只要有一定的停车场地和安全分隔距离。储罐容积可设计成 20 ~ 40m^3,流动加注车要往返中转站补充 LNG,只能在固定时段提供服务,一般只能满足20~40辆客车的日常使用。

除上述三种LNG加注方式外,目前还有L-CNG加气站,它是LNG与CNG两用加注站。

图3-7 LNG流动加注车

二、LNG客车加液注意事项

(一)加注作业人员防护要求(图3-8)

LNG作为-162℃超低温液体,加注作业人员如果直接接触液体或未经隔离的管路和附件,将给人体带来严重伤害,极冷的金属会将皮肉粘连并且在拉开时还可能会撕裂。因此,LNG加注作业人员在操作时,应有严格的防护措施和护具。如衣着身着防静电的长衣和长裤作业服(棉质的),最好是没有口袋也没有卷起的部分,裤管要盖住鞋,脚部应穿没有铁钉的鞋。突然泄漏的LNG瞬间蒸发的气体同样也是低温气体,如果直接与皮肤或眼睛等接触,也可能导致伤害,充装作业人员同样也要做好面部防护措施,戴好防护眼镜和头盔以及专用防护手套,专用手套不仅有隔离低温的作用,戴在手上还非常的宽松,便于紧急时迅速脱开。

图3-8 LNG加注作业人员衣着防护

(二)加注LNG的作业流程

1.进站停车

(1)汽车进加液站前,车上所乘人员全部下车,在加液区外休息处等候。

(2)将汽车按指定方向进入加液区,缓慢进入加液位置后停车,拉紧驻车制动器操纵杆,汽车发动机熄火,关闭电源开关,打开加液舱盖做好加液准备。

(3)加气前先将加气站的接地线与车用瓶的接地线连接好。驾驶员要配合加气人员在加注前检验确认,加气员在检查供气系统无异常后,方可准予加气。

(4)在加液站内禁止吸烟、使用手机和其他电器、电子设备,以防静电感应导致发生事故。

2. 开始加液

(1)在加注前应当检查、清洁低温进液口内是否有水分、杂质等。如果有水分,在充液时,水分会迅速凝结成冰块,而冰块有可能堵塞进液阀、低温进液口,甚至进入瓶内。堵塞造成低温进液口、进液阀等关闭不严产生泄漏,甚至造成密封面的损坏。如果冰块进入气瓶内部,可能会在出液过程中堵塞在出液阀处,造成供液不畅,使得发动机动力不足甚至无法起动。如果有杂质,杂质进入发动机则有可能造成发动机的损坏。所以在加液前,应当确保水分和杂质被完全清除干净。

(2)打开加液舱盖,由加液站专业工作人员取下防尘罩,用压缩空气分别吹扫加液枪与充装口、回气口连接部位,确保干净、干燥。然后插上充液插头,方可进行加液作业(图 3-9)。加液阀是止回阀,这样无须手动控制,液化天然气只能单方向流入瓶体。

图 3-9　加液站工作人员正在给 LNG 车加液

(3)LNG 的气瓶是低温密封状态,在大量加注 LNG 液体时,可视情况连接回气管将瓶内的气体排出,以便提高加气速度。

如果燃料瓶内压力高于 1.0MPa,应将回气枪与回气口连接,打开气相阀使燃料瓶内的压力降低至 0.8MPa 后,关闭气相阀(由于国内 LNG 加液站技术状态略有不同，加注燃料时气瓶降压幅度请根据 LNG 加液站要求执行)。

(4)在加液中，不准超压加气，充装压力不准超过 1.5MPa。

(5)加液时若发生泄漏，应立即关闭加液开关和气瓶截止阀，立即停止加液。此时不能起动发动机，应将车辆推到空旷处，待检修合格后方能再进站加液。

(6)加液完毕后，待排除加液软管内的余气后，松开加液枪和回气枪，盖上防尘盖，确认加液阀、回气阀无泄漏，盖好加液舱盖。

3. 起动离站

观察气管路及各接头组件连接处有无泄漏，如发现泄漏要排除后才能起动车辆。

断开接地线，检查加液量和压力表的显示数值。

确认加液枪与加液口及回气枪与回气口完全脱开，加液舱盖已经盖好，方可起动车辆，缓慢驶离加液站，进行正常的行驶操作。

LNG 加注站对车辆气瓶加注前后检查表见表 3-1。

LNG 加注站对车辆气瓶加注前后检查表 表 3-1

序号	车牌号	加注前检查内容(是画√，否画×)				加注后检查内容(是画√，否画×)	
		瓶加注警示标签是否完整	车是否停稳、熄火、断电、接地	瓶体无变形、锈蚀、发汗、结霜	瓶阀件是否完整，无泄漏	瓶无超压，如超压立即处理	加气口、回气口盖是否盖好
1							
2							
3							
4							
5							
6							
7							
8							
9							
10							
11							
12							
13							
14							
15							

(三)热瓶加注 LNG

LNG 气瓶在首次使用时(或车辆停放时间超过两周及以上),即认定该气瓶为热瓶。加注前,热瓶内胆的温度与外界气温相当,热瓶在加注 LNG 燃料后,液体会大量汽化蒸发使压力升高,因为加入的 LNG 的温度在 -100℃ 以下,此时 LNG 会大量吸热迅速汽化,瓶内压力快速上升,同时将气瓶内胆快速降温。

对于热瓶的加液方法,要求如下:做好加液准备后,向燃料瓶内充入 15 ~20L 的 LNG,将气瓶预冷,让其自然蒸发汽化,静置预冷 20 ~30min 后,按核定充装量向瓶内继续加 LNG。在冷却的同时对燃料瓶及管路进行检漏。检漏后排放压力至 0.8MPa 后,再按正常方法加注 LNG。

(四)放空操作

对于 LNG 汽车,如果气瓶中加满了 LNG 应尽快使用,避免长时间停驶造成燃料蒸发浪费[LNG 的蒸发率与气瓶的真空保温性成反比,查特、富瑞气瓶厂出厂规定日蒸发率(液氮) <3%]。长期存放的 LNG 客车,由于气瓶外壳裸露在大气中,瓶内的压力会慢慢升高,当达到一级安全阀设定的压力时(查特厂为 1.93MPa,富瑞厂为 1.91MPa)就自动排气减压,通过一级安全阀排放的 CNG 直接排向大气中。

如果在充装 LNG 时气瓶压力较高(瓶内压力高于 1.0MPa),充装前先要进行放空减压操作。即应将回气枪与回气口连接,打开气相阀使气瓶内的压力降低至 0.8MPa 后,关闭气相阀(由于国内 LNG 加液站技术状态略有不同,加注燃料时气瓶降压幅度请根据 LNG 加液站要求执行)。

注意:操作过程中请穿防护用品,包括低温手套和防护镜。

第四节　LNG 客车停放要求

LNG 客车的停车通常分为临时停车、夜间停车和长期停车,停车要求如下。

1. 临时停车

临时停车,应选择通风阴凉、远离火源和热源之处,并设置停车警示标志。停车时,发动机应熄火,关闭电器总开关。

2. 夜间停车

夜间停车,应选择通风阴凉处,不宜停放在封闭的车库内。选择远离火源和热源之处停车。

夜间停车前,应检查系统是否正常,有无漏气现象,储气瓶固定装置有无松动。

车停稳后,应关闭电器总开关和发动机,视情关闭气瓶截止阀,查看并记录气表压力读数和液位量数值。在第二天开车前,再次观察气表压力读数和液位量数值,评估 LNG 管路接头是否存在微漏气隐患。

3. 长期停车

LNG 客车长期停放时,除按上述停放规定处理外,应将液体耗尽,排放完毕,关闭气瓶截止阀。

断开电源,拆下蓄电池接线,将车辆置于通风、防潮、防火、防晒的场所。

LNG 客车重新使用时,应确认气管路完好,连接部位没有松动、泄漏,必要时进行储气瓶多次充液置放操作,方能再次使用。

第五节　LNG 客车驾驶员安全应急措施

1. 发生天然气泄漏的应急措施

如果发生轻微的天然气泄漏,应立即停车,关闭点火开关,将发动机熄火,开启应急灯。检查泄漏部位,并立即关闭储气瓶上的手动截止阀。

如因天然气管道破裂、卡套松脱造成天然气泄漏时,应立即靠边停车,开启应急灯,迅速关闭手动气瓶截止阀,切断电源;同时疏散人员,隔离现场,隔离火源。待泄漏气体扩散,对供气系统进行检查,确保无着火隐患后,方可将车转移到维修厂对供气系统进行检查和维修。

2. 发生 LNG 客车自燃着火时的应急措施

如果 LNG 客车发生自燃着火,应立即靠边停车,迅速按动仪表台上灭火弹起动按钮,迅速关闭点火开关,切断电源,迅速关闭气瓶截止阀;同时疏散人员,隔离现场。

使用干粉灭火器进行灭火。严禁用水喷向泄漏的 LNG,这会引起 LNG 的大量蒸发而加大火势。

3. 发生碰撞、着火时的应急措施

如发生交通事故,应立即停车,开启应急灯,检查气路是否受损;如受损应关闭点火开关,切断电源,关闭气瓶截止阀,同时疏散人员,隔离现场,隔离火源,保护现场。

如着火,应立即停车,立即按动仪表台上灭火弹起动按钮,关闭点火开关和气瓶截止阀,同时疏散人员,隔离现场,保护现场。

用干粉灭火器进行灭火。

如气瓶截止阀无法关闭。立即疏散人员,隔离火源,保护现场,严禁烟火,尽快向有关部门报告,以便应急处理。

4. 高速公路上车辆抛锚的处置

万一发生 LNG 客车在高速公路上抛锚,必须要在车后方 150m 以外做好警示标志,并报警要求施救,把旅客转移到高速公路护栏外侧。高速公路上是不允许停车检修的,一定要做好相关防范措施后等待救援,防止次生事故的发生。

第四章 LNG 发动机的维修技术规范

第一节 一级、二级维护技术规范

LNG 客车维护分为日常维护、一级维护和二级维护。日常维护由驾驶员进行，一级维护、二级维护由取得 LNG 客车维修资格的汽车维修企业进行。

LNG 客车维护周期确定以行驶里程为基本依据，并应符合 GB/T 18344—2001 规定，如 LNG 客车制造企业有特殊要求，应参照执行。

1. LNG 客车一级维护

（1）以清洁、润滑、调整、紧固为作业中心内容，并进行 LNG 专用装置的工作状况检查和密封性检查（特别是供气系统检漏）。

（2）LNG 客车一级维护周期确定以行驶里程为基本依据，一级维护间隔里程按 GB/T 18344—2001 规定执行。

（3）LNG 客车一级维护作业内容（表 4-1）。

液化天然气（LNG）客车一级维护作业内容 表 4-1

序号	项目		作业内容	技术要求
1	常规一级维护项目		GB/T 18344 规定的一级维护基本作业内容	符合 GB/T 18344 规定的维护作业要求
2	储气装置	LNG 气瓶及固定支架	（1）检查气瓶外观； （2）检查气瓶紧固情况	（1）气瓶表面应无严重划伤、凹凸、裂纹等，以及无异常冒汗或结霜； （2）固定支架及扎带完好、无裂纹，固定牢固，垫层完好、无损坏，气瓶固定可靠，无窜动和旋动现象； （3）安装位置、方式符合原厂技术规定的要求
3	储气装置	LNG 管路及卡箍	（1）检查紧固管路及接头； （2）检查各连接部位有无泄漏	（1）管路及接头应无擦伤等损伤，安装连接可靠，与其他部件无擦碰； （2）接头紧固良好，无漏气现象。涂检漏液至少观察 10s 后，无气泡出现； （3）安装位置、方式符合出厂技术规定的要求

续上表

<table>
<tr><th>序号</th><th colspan="2">项 目</th><th>作业内容</th><th>技术要求</th></tr>
<tr><td>4</td><td rowspan="2">储气装置</td><td>安全阀、截止阀、加液阀等各类控制阀及相关压力表、液位计等</td><td>(1)检查密封和工作性能
(2)检查安装情况</td><td>(1)各种阀密封良好、开闭性能灵活有效,相关仪表工作正常、安装牢固可靠;
(2)安装位置、方式符合出厂技术规定的要求</td></tr>
<tr><td>5</td><td>加液口、回气阀、止回阀</td><td>(1)检查加液口、回气阀的安装及紧固情况;
(2)检查止回阀</td><td>(1)加液口、回气阀固定牢固、清洁;
(2)加液口、回气阀、止回阀工作可靠,无漏气现象,防尘盖可靠有效</td></tr>
<tr><td>6</td><td rowspan="5">LNG 供给装置</td><td>汽化器、稳压器、增压器</td><td>(1)外观检查,按规定进行调整;
(2)清洁;
(3)检查、紧固各接头、增压器冷却水路</td><td>(1)外观清洁,安装牢固,无泄漏现象,各部件性能良好;
(2)汽化器壳体无损坏、无结冰结霜现象;
(3)冷却循环水路应无弯折、无泄漏;软管应无老化、油垢、裂纹,连接可靠</td></tr>
<tr><td>7</td><td>LNG 滤清器、混合器</td><td>(1)检查 LNG 滤清器、混合器及管路连接件密封及紧固情况;
(2)检视 LNG 滤清器状态,及时放水</td><td>(1)各气道通畅、无阻塞、无泄漏;
(2)混合器应清洁、固定牢固、装配正确;
(3)滤清器及连接管路件密封,牢固可靠;
(4)按出厂技术规定松开底部螺塞放水</td></tr>
<tr><td>8</td><td>低压电磁阀</td><td>(1)检查安装情况;
(2)检查使用功能</td><td>低压电磁阀及其控制装置连接可靠,工作正常</td></tr>
<tr><td>9</td><td>点火系统、喷气装置</td><td>(1)清洁、检查火花塞、高压线;
(2)检查喷射阀各喷嘴工作情况</td><td>(1)保持清洁、工作正常;
(2)各喷嘴清洁,无渗漏,不堵塞</td></tr>
<tr><td>10</td><td>LNG 电喷控制装置</td><td>检查各功能的有效性</td><td>各参数均正常</td></tr>
<tr><td>11</td><td colspan="2">整车</td><td>检查、测试</td><td>燃气系统工作正常,LNG 汽车标志应符合 GB/T 17676—1999 规定</td></tr>
<tr><td>12</td><td colspan="2">静电带</td><td>检查</td><td>检查静电带接触地面固定良好</td></tr>
</table>

2. LNG 客车二级维护

(1)以清洁、润滑、拆检、调整为作业中心内容,并进行 LNG 专用装置的检查、清洗(调整)或更换,以及密封性检验。LNG 客车的二级维护由经过专业培训的维修人员操作完成。

(2)LNG 客车二级维护周期确定以行驶里程为基本依据,二级维护间隔里程应按照 GB/T 18344—2001 规定执行。

(3)LNG 客车二级维护作业应按照 GB/T 18344—2001 规定的作业过程进行维护前检验、过程检验和竣工检验,并依据进厂检验结果及车辆实际技术状况确定附加作业项目或内容。

(4)LNG 客车二级维护作业内容除 GB/T 18344—2001 规定的基本作业项目外,增加作业内容见表 4-2。

液化天然气(LNG)客车二级维护作业内容(增加部分项目表) 表 4-2

序号	维护部位	作业项目	技术要求
1	一级维护部位	所有 LNG 客车一级维护项目	符合维护作业要求
2	LNG 气瓶及固定支架	(1)检查气瓶检定证明; (2)清洗外部; (3)视情更换部件	(1)气瓶检定审验有效; (2)气瓶应清洁; (3)出现以下情形应更换部件: ①瓶体出现裂纹或明显的凹陷、膨胀、弯曲; ②支架无明显损伤或严重锈蚀; ③气瓶失真空。 (4)安装位置与方式应符合 GB/T 20734—2006
3	LNG 管路及卡箍	(1)按产品说明书规定周期更换管路密封件及卡箍; (2)更换部件后检查气密性	更换部件后,应管路通畅,接头牢固,无泄漏
4	安全阀、截止阀、加液阀等各类控制阀及相关压力表、液位计等	(1)紧固阀门接头; (2)视情拆检阀门,更换密封圈(或垫)及阀芯等; (3)检查管路通畅性; (4)视情更换调压阀修理包、压力表; (5)更换部件后检查气密性; (6)检查安全阀、压力表检定证明	(1)各类控制阀、压力表等安装位置和方式应符合 GB/T 20734—2006 及产品说明书要求; (2)安全阀管路应保持通畅; (3)各阀门功能正常,截止阀开关灵活; (4)更换部件后系统应无泄漏; (5)安全阀、压力表检定合格证应在有效期内

续上表

序号	项　　目	作 业 内 容	技 术 要 求
5	加液口、回气口、止回阀	(1)检查并视情更换防尘盖及密封圈(或垫); (2)检查加液面板接地情况; (3)更换部件后检查气密性	(1)防尘盖及密封圈(或垫)应完好,功能正常; (2)加液面板应接地良好; (3)更换部件后系统应无泄漏
6	汽化器及循环水路、缓冲罐	(1)视情清洗汽化器内部水垢; (2)更换部件后检查气密性	(1)循环水路应工作正常,无泄漏; (2)汽化器及缓冲罐重新安装后,应无泄漏
7	燃气滤清器	(1)更换燃气滤清(芯)器; (2)更换部件后检查气密性	燃气滤清器应清洁,工作正常,无泄漏
8	低压电磁阀	检查电磁阀磨损情况,视情清洗或更换阀芯、阀座	低压电磁阀应清洁,功能正常
9	火花塞	检查火花塞间隙,视情更换(使用专用套筒拆装火花塞)	(1)建议每 6 万 km 调整火花塞电极间隙; (2)选择指定火花塞,工作正常; (3)清洁、无油污
10	高压线	检查测量高压线并视情更换	(1)高压线防护帽盖平整压紧; (2)清洁、无油污,工作正常
11	点火线圈	清洁点火线圈接线柱与弹簧(高压线)之间的氧化物、弹簧(高压线)与火花塞之间的氧化物,并涂抹导电膏	(1)点火线圈胶套无老化开裂; (2)清洁、无油污
12	混合器、电子节气门、燃料计量阀	(1)视情清洗混合器、电子节气门、燃料计量阀; (2)视情更换混合器密封胶圈; (3)重新安装后检查气密性	(1)各部件应清洁,保持混合器喉管各气孔畅通(每 2 个二级维护必须进行一次); (2)各部件应功能正常; (3)系统无泄漏
13	稳压器	视情更换稳压器修理包	工作正常
14	电控单元(ECU)及传感器	用故障诊断仪检查各传感器信号及电控系统工作性能	各传感器信号及电控系统无故障码显示,工作正常
15	燃气泄漏报警装置	检查有效性	燃气泄漏报警装置应固定完好,功能有效

(5)LNG 客车二级维护基本作业项目完成后,应进行发动机性能调试,使发动机达到正常工作状态。

(6)LNG 客车二级维护竣工检验。

①检验要求。LNG 客车二级维护竣工检验除执行 GB/T 18344—2001 规定内容

外,同时还应进行紧固程度、气密性、排放性能等项目的检验。

②紧固程度检验。

a. 储气瓶、管路、电路及专用装置等主要部件安装紧固程度应符合相关技术要求,卡箍可靠,无窜动、松动现象。

b. 各类控制阀、安全阀阀门接头、管路连接处应连接可靠,无松动。

③气密性检验。

a. 储气装置、燃料供给系统、燃料转换及控制装置应密封良好,无气体泄漏。检验方法可采用检漏液检验或专门的气体检漏仪检验方法进行。

- 检漏液检验方法:在各部件正常工作压力下,用肥皂水等非腐蚀性起泡水涂于所有管路接头上,观察有无气泡持续产生,试验持续时间不得少于1min。

- 气体检漏仪检验方法:使用气体检漏仪检查所有管路接头,不应出现漏气现象。当气体检漏仪发现泄漏后,需采用检漏液检验方法确定泄漏部位。

b. 如管路有气体泄漏,应关闭气瓶阀,待管路中的气体排出后,再紧固接头或更换管路。不应带压紧固或更换。

第二节　LNG 客车供气系统维修技术要求

LNG 客车供气系统维修技术要求见表 4-3。

液化天然气(LNG)客车供气系统维修技术要求　　表 4-3

序号	维修部位	技术要求
1	储气瓶	(1)在任何时候进行管件、阀门或连接件维护时,必须先将管线和瓶体内的压力排放至零。 (2)气瓶及其上的各类安全阀、压力表应按国家强制规定,定期送当地技术监督部门检验。 (3)车载气瓶上所有的螺纹连接处都要做定期紧固处理,如绑带上紧固螺栓、瓶底部鞍座和框架之间固定螺栓都需要做定期的检查并紧固。 (4)气瓶上的阀门被冻住,应使用温水解冻,不得用任何物品敲击冰块;切勿用手直接接触低温管道和阀件,如需要接触应戴好防护手套。 (5)储气瓶真空失效的检查: 储气瓶结霜和压力快速增加往往与储气瓶的真空损失相关联,然而有时压力增加是正常现象。如一个新的或超过两周末使用的储气瓶都可以认为是热瓶,热瓶在加注 LNG 后,液体会大量汽化蒸发使压力升高。压力增加过快也预示着真空失效,配备有外部抽真空口的储气瓶若发生真空失效就会脱落,如发现抽口盖脱落就可确认夹层真空失效。抽口盖通过塑料帽来隔离外部环境,不要拆卸塑料帽或抽口盖。如发生夹层抽口损坏应将储气瓶返回生产厂进行维修。

续上表

序号	维修部位	技术要求
1	储气瓶	若抽口外观完好，仍然怀疑真空失效，有必要检查其压力上升时间。为了测试储气瓶的压力升高时间，充液并让发动机工作直至瓶内燃料还剩 3/4 或一半为止，然后将发动机熄火，等 30min 后读取储气瓶压力，静止放置 12h 后，系统压力上升应低于 0.27MPa。若配备了几个储气瓶，应重复测试问题瓶，出液阀和排气阀应关闭 30min 后，每一储气瓶的压力升高就会分别测出。 注意：如果储气瓶为热瓶，充装时过装的话，压力也会快速升高，当储气瓶完全失去真空后，会按每分钟 0.007MPa 的速度产生压力，所以这很容易检测。瓶体是否结霜和出汗取决于周围的温度和湿度。仅仅看瓶体是否结霜、出汗来判断瓶体的真空是不准确的。增压测试是检测瓶体真空表现最可靠的方式。 瓶体真空失效的话，需要用专用设备重新抽真空，可能需要将瓶体从车辆上移开，具体操作请联系储气瓶生产厂家
2	汽化器	(1)每 6 个月清洁盘管上的水垢。 (2)汽化器表面结霜处理： ①关闭出液截止阀。 ②检查汽化器进出水管是否有压瘪、泄漏的现象。 ③如果循环水管没有异常，请查看是否有以下状况： a. 供气管路有泄漏； b. 发动机有不工作的汽缸； c. 冷却液管径过小； d. 发动机水泵选择不合理； e. 汽化器选配不匹配； f. 过滤器进发动机端大量泄漏； g. 循环水流向是否与 LNG 流向是相同的
3	稳压罐	定期清除稳压罐外部污垢，检查气密性，各管路接头、罐体无泄漏
4	低压电磁阀	(1)每 5 万 km 清洗阀芯及阀口。 (2)拆检时，如果发现电磁阀阀芯污染严重，必须拆下电磁阀阀芯、阀座，用汽油浸泡后，再用压缩空气吹干净
5	燃气滤清器	(1)安装要求：放水口朝下，按箭头所指的气流方向安装，切记不能装反； (2)每 3000km 或必要时排污。按生产厂家要求定期更换滤清器滤芯。燃气滤清器滤芯更换和排污时必须将气瓶气压阀关闭，燃气滤清器不能在压力下维护，这么做可能会导致严重的伤害。 潍柴、玉柴发动机厂均建议每 3 万 km 更换滤清器滤芯，但从我们的实际使用中，更换周期建议可以为每 10 万 km。 (3)滤清器滤芯更换流程： ①首先关闭气瓶气压阀，待系统压力释放后拧开滤清器排污阀进行排污，直到液体流尽，然后关闭排污阀。 ②使用适当的拆卸工具将滤清器外壳拧开。

续上表

序号	维修部位	技术要求
5	燃气滤清器	③拧开滤芯下方的塑料帽。 ④更换滤芯后,将滤清器各部件依次装回,拧紧,恢复原状。 注意:燃气滤清器的拆装过程,要注意避免灰尘、杂质的进入
6	稳压器	(1)例行检查时,检查接头漏气情况。 (2)二级维护时,更换稳压器修理包。 (3)稳压器维修流程: ①拆卸: a.关掉气源总阀门,然后松开稳压器的防松螺母,并尽可能地将调节螺钉向顺时针方向旋转。等到调压阀内的气体都排空之后,就可以将稳压器从发动机或者车上移出。 b.将调压阀固定在台虎钳上,且阀盖朝上。 c.逆时针方向旋转调节螺钉,直至弹簧不再承受任何压力。 d.移出阀盖螺钉并保存好以备重新组装之用。 e.将阀盖与阀体分离,并依次移出弹簧钮、大弹簧和膜片,保存好以备重新组装之用。 f.更换新的膜片和膜片衬垫。 g.移出阀杆钮,并保存好以备重新组装。当阀杆钮损坏时,必须更换新的。 h.重新将调压阀固定在台虎钳上,且底座朝上。 i.选择合适的扳手,将底座按逆时针方向松开并移除,保存好以供重新组装。 j.更换阀座组件和小弹簧;更换阀体处的TEFLON的密封件。 注意:在重新组装调压阀之前,须检查所有的部件以确保其表面清洁且无任何磨损,尤其是阀体部分。 ②重新组装: a.使用机油对阀座组件的O形圈进行润滑; b.在阀座组件套管中安装新的阀座组件和新的小弹簧; c.在阀体的扩孔中安装新的TEFLON填料; d.安装阀体的底座(底座和阀体之间无缝隙); e.将阀体固定在台虎钳上以安装阀盖; f.在阀座组件杆的尾部安装阀杆钮; g.将膜片衬垫和膜片对齐排列,将膜片在阀体凸缘处定位,在阀体处使用TEFLON的膜片衬垫; h.在大弹簧和弹簧钮定位后,将膜片盘置于膜片的中心位置; i.将阀盖边缘的孔与阀体边缘的孔对齐; j.将6个螺钉插入阀体,并将螺钉拧紧。 ③安装后调试: a.测漏。将稳压器装回原车,打开气瓶总阀门,起动发动机,在怠速情况下,检测稳压器各连接部件和进出气接口是否有漏气。检测时可用肥皂水测漏。 b.调压。用WOODWARD检测软件进行通信、检测,在发动机怠速的情况下,将天然气压力(NGP)调为(0.82±0.02)MPa

续上表

<table>
<tr><th>序号</th><th>维修部位</th><th>技术要求</th></tr>
<tr><td>7</td><td>热交换器</td><td>定期清除热交换器外部污垢,检查各管路接头有无泄漏</td></tr>
<tr><td>8</td><td>节温器</td><td>定期清洁节温器污垢,功能正常</td></tr>
<tr><td>9</td><td>燃料计量阀</td><td>(1)每5万km或500h清洗燃料计量阀。
(2)喷嘴清洗设备。
①喷射阀清洗工装,连接简图,见下图。 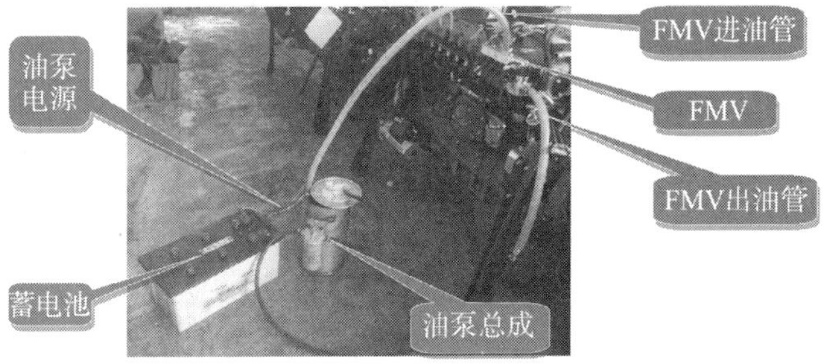
油泵电源 / FMV进油管 / FMV / FMV出油管 / 蓄电池 / 油泵总成
②安装WOODWARD诊断软件的笔记本式计算机。
(3)喷嘴清洗流程。
①油路连接。停止发动机,关闭气瓶总阀门。拆开FMV喷射阀进、出气口管路,将FMV的进气口与清洗工装的柴油滤清器出油口相连接,FMV的出气口用管路直接通到桶中。 
FMV出气口 / 柴油滤清器 / FMV进气口
②电路连接。FMV清洗工装需要12V电源。将油泵的正负极接线柱分别连到蓄电池正负极,并在电路中安装一开关,以控制油泵的起动与停止。
注意:油泵共有四个接线柱,如下图所看方向,最左边的一个为正极,最右边的一个为负极,中间两个空着不用。 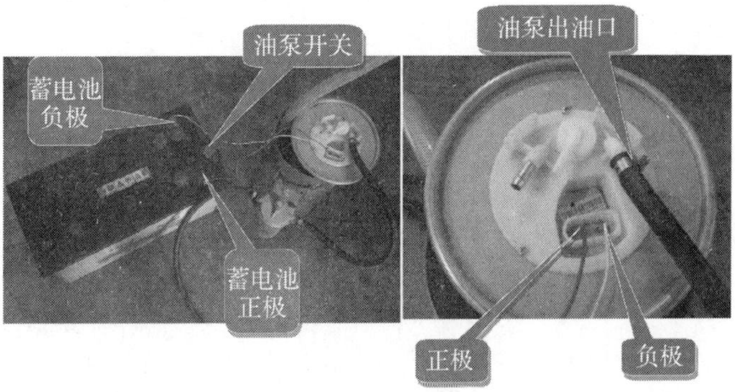
油泵开关 / 蓄电池负极 / 蓄电池正极 / 油泵出油口 / 正极 / 负极</td></tr>
</table>

续上表

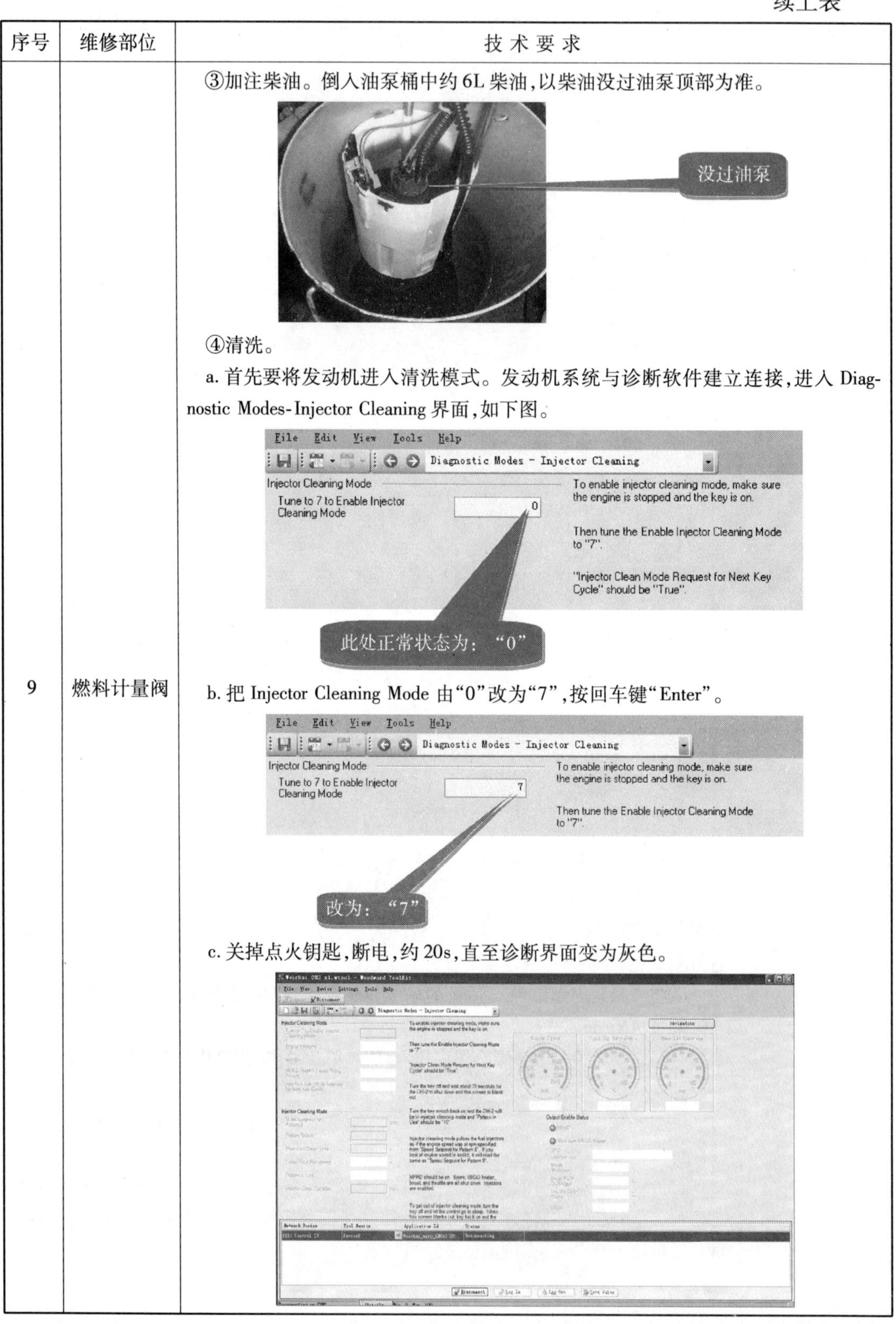

序号	维修部位	技术要求
9	燃料计量阀	③加注柴油。倒入油泵桶中约6L柴油，以柴油没过油泵顶部为准。 ④清洗。 a. 首先要将发动机进入清洗模式。发动机系统与诊断软件建立连接，进入 Diagnostic Modes-Injector Cleaning 界面，如下图。 b. 把 Injector Cleaning Mode 由“0”改为“7”，按回车键“Enter”。 c. 关掉点火钥匙，断电，约20s，直至诊断界面变为灰色。

续上表

序号	维修部位	技 术 要 求
9	燃料计量阀	d. 然后再打开点火钥匙(不要起动起动机),给系统供电,此时就能听见 FMV 喷嘴“啪啪”动作的声音。 e. 接着迅速打开油泵开关,这样油泵会将柴油泵到 FMV 内,然后再回流至清洗桶内。直至 FMV 不动作,关闭油泵开关。 f. 如需重复清洗,请重复以上“清洗”过程即可。 ⑤清洗后的操作。 a. 断开 FMV 进、出气口的油管,先只将 FMV 的原进气管路接好,打开气瓶总阀门,恢复供气。 b. 用起动机带动发动机运转 5s,5min 后重复本操作一次。使天然气经过 FMV,吹净其中的残留柴油。 c. 接回原 FMV 出口的燃气管路,恢复发动机正常状态
10	电子节气门	(1)车辆每运行 10 万 km(视当地气体清洁度而定)强制维护,拆下节气门,检查、清洁节气门蝶阀部分油污,清洗后用干压缩空气吹干。 (2)清洗后,用手按压蝶阀,检查蝶阀运动有无卡滞、是否回位;若出现卡滞,则需要更换电子节气门总成
11	混合器	(1)车辆每运行 10 万 km 强制维护,拆下混合器总成,检查、清洁混合器内部油污,清洗后用干压缩空气吹干。 (2)清洗后,用手沿燃气阀运动轴线方向按压阀芯,检查阀芯运动有无卡滞、是否回位,若出现卡滞,则需更换混合器总成。 (3)检查混合器膜片、燃料空气阀导向槽磨损情况,以及阀芯密封垫使用情况,若出现膜片损坏,则单独更换膜片。 (4)混合器膜片的更换技术要求: ①拆下膜片总成上的 4 颗紧固螺钉,取下膜片压板和膜片。 ②将新膜片安装在燃料空气阀上。 注意:膜片成形幅面向上;膜片中心 4 个大孔对准燃料空气阀安装孔,勿将小孔对准安装孔,否则将造成混合气不能正常工作。 ③将 4 颗紧固螺钉涂上适量的乐泰 609 胶水,安装在燃料空气阀上,安装力矩 0.9~1.4N·m。 ④将膜片总成放置于混合器壳体上,旋转膜片总成,使膜片的 6 个安装孔对齐混合器壳体上的 6 个螺孔。 ⑤将弹簧放在膜片总成中心的弹簧座上,盖上混合器膜片罩,拧紧混合器膜片罩上的紧固螺钉,安装力矩 5~7N·m。 (5)组装完成后,用手指在混合器出口推动膜片,能轻松推动,且放手后膜片自动回位,说明安装正确。由于组装不正确,可能导致膜片总成不能推动、推动困难或膜片总成不能完全回位,则需要重新组装混合器

续上表

序号	维修部位	技术要求
12	火花塞	(1)火花塞属易损件,目前常用的火花塞为博世公司产。 (2)博世火花塞每3万km,检查火花塞电极燃烧情况,清理电极头部杂质,并调整间隙,间隙调整要求如下: 电极间隙:(0.35±0.05)mm (3)博世火花塞每8~10万km,检查火花塞头部电极贵金属烧蚀情况,若使用情况较好,调整间隙后可继续适用。一般建议10万km后直接更换火花塞。 (4)火花塞拆装规范: ①火花塞拆卸前。 在火花塞拆卸前,先用风枪或高压空气尽量吹干净缸盖表面。 然后拔下高压线(拔高压线时要注意应该捏住头部,不要扯高压线的线体部分)。 再用风枪或高压空气吹出火花塞套筒内的水污、油污、尘土。 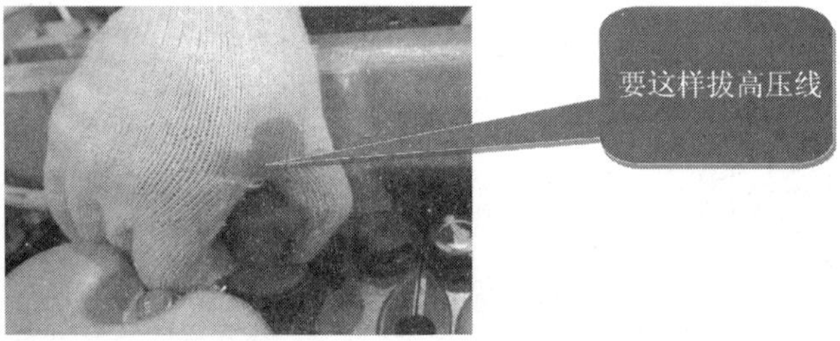 要这样拔高压线 ②火花塞的拆卸。 在拆卸火花塞时,若固定太紧,无法松动的话,请不要硬性拆卸。否则会造成火花塞螺母及固定部位的损伤或火花塞螺纹部分残留在汽缸头内。 正确的拆装方式是:将发动机起动后给缸头加热,在火花塞螺纹部位注入渗透液体(CRC渗透松动油等),稍等片刻后可拆卸。  注释:CRC渗透性松锈油3060是工业级低黏度的润滑松锈剂,能够松解或去除锈斑,松动锈死的紧固件 拆卸时尽量保证火花塞扳手杆部垂直于套筒横截面。 力小者可借助其他工具增长力臂。 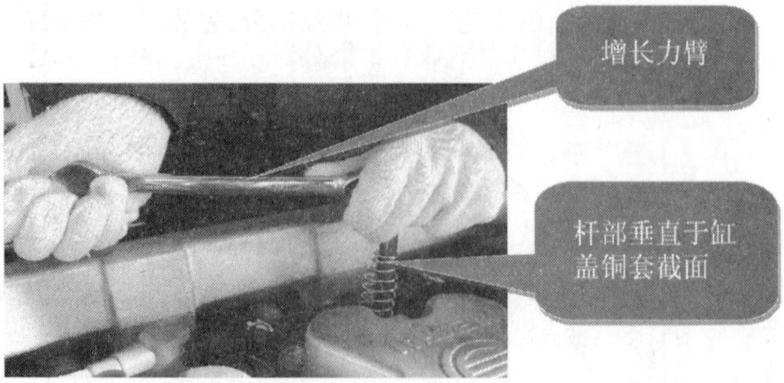 增长力臂 杆部垂直于缸盖铜套截面

续上表

<table>
<tr><th>序号</th><th>维修部位</th><th>技 术 要 求</th></tr>
<tr><td>12</td><td>火花塞</td><td>③火花塞的清洁。
保持火花塞干燥、清洁:安装前,应用干净的布条或面巾纸等清除掉陶瓷体上油污、赃渍,对于顽固锈渍,可以用砂纸轻轻打磨掉。
④火花塞扳手清洁。
安装火花塞时要保证扳手套筒内清洁、干燥。
安装前,应用干净的布条或面巾纸等清除掉火花塞扳手套筒内油污、赃渍! 方法见下图。 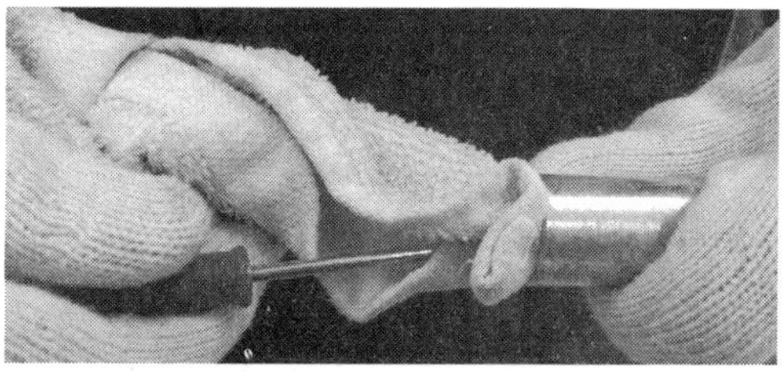
⑤保持缸盖火花塞安装孔干燥、洁净。
用干净的布清除掉缸盖火花塞安装孔内的油污、水渍等赃物。
⑥火花塞间隙调整。
调整方法:如果间隙偏大,先把塞尺塞进间隙,用小扳手轻轻敲击侧电极拐角部位;如果间隙偏小,先用小虎钳把间隙慢慢调大,然后塞入塞尺,再用小扳手轻轻敲击侧电极!
火花塞间隙:(0.35 ±0.05)mm(严格规定用塞规调整)。
注意:要保证侧电极和中心电极面平行! 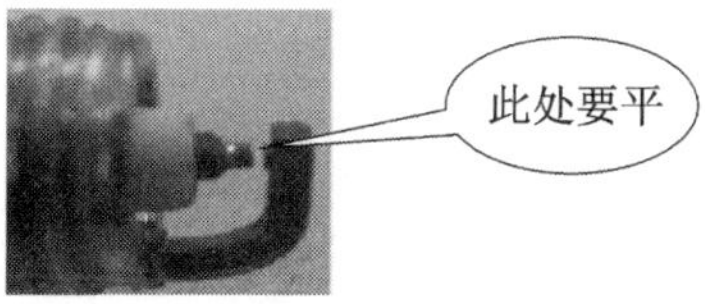 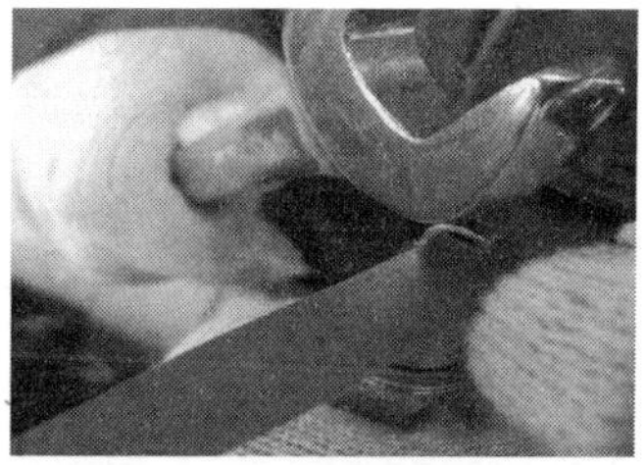
此处要平
⑦火花塞安装。
清洁后的火花塞,捏住螺纹部分,先放进火花塞扳手或高压线,然后用火花塞扳手安装。 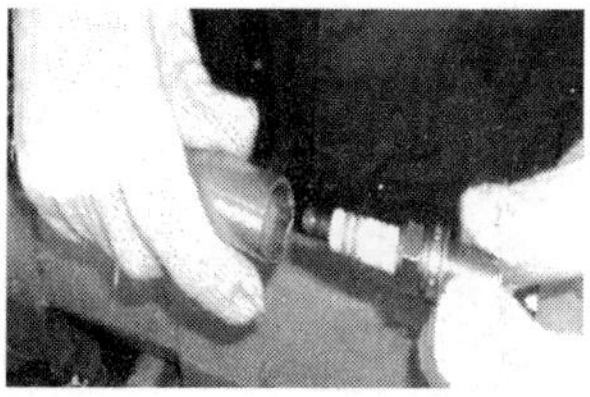 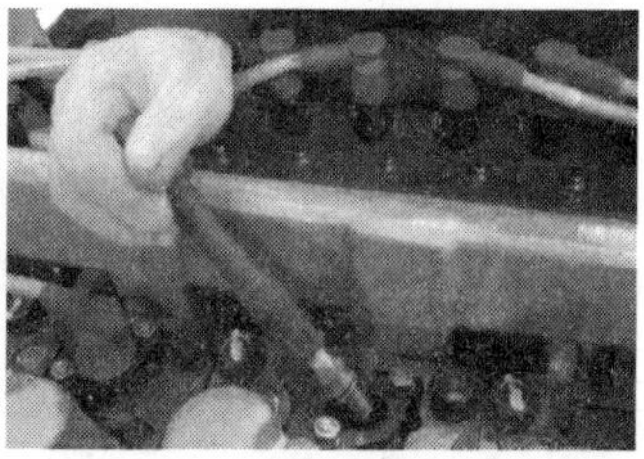</td></tr>
</table>

续上表

<table>
<tr><th>序号</th><th>维修部位</th><th>技术要求</th></tr>
<tr><td>12</td><td>火花塞</td><td>严禁手拿火花塞直接扔进或放进火花塞安装孔。 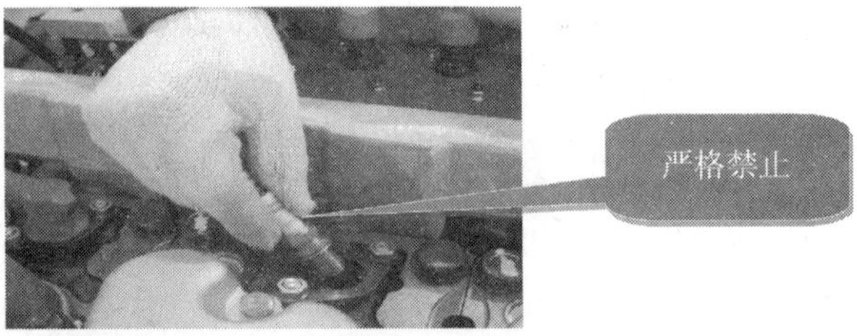
严格禁止
安装时不要让缸壁碰到外侧电极,以免改变火花塞间隙!  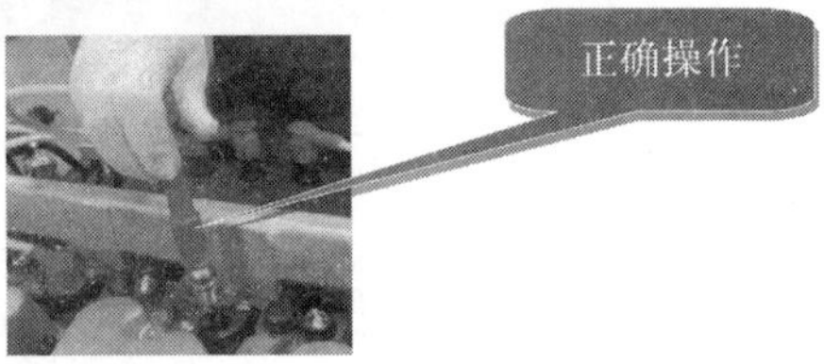
正确操作
注意:不要用手接触火花塞陶瓷体,防止飞弧产生! 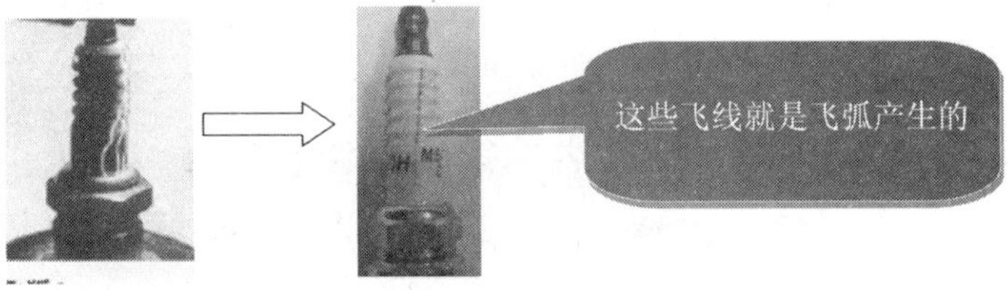
这些飞线就是飞弧产生的
拧紧火花塞:火花塞的安装力矩:20~25N·m。
⑧拧紧火花塞后,插入高压线,将高压线防污帽盖紧压套安装孔。 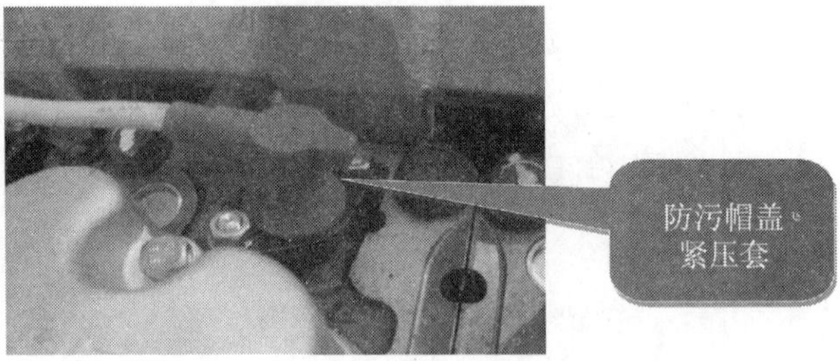
防污帽盖紧压套</td></tr>
<tr><td>13</td><td>点火线圈</td><td>(1)每3个月或2万km要清理点火线圈弹簧与火花塞之间的氧化物,并涂抹导电膏。
(2)每3个月要检查点火线圈胶套是否老化开裂,如有开裂,应及时更换。
(3)点火线圈次级输出电压高达4万V,所以在发动机使用过程中,绝对不允许直接冲洗发动机,特别是点火线圈部位。
(4)点火线圈紧固螺钉拧紧力矩为7~9N·m;拧紧力矩不能太大,否则会导致侧向力太大,接线柱破裂</td></tr>
</table>

第三节 LNG 客车安全装置维修技术要求

LNG 客车安全装置维修技术要求见表 4-4。

液化天然气(LNG)客车安全装置维修技术要求 表 4-4

序号	维修部位	技术要求
1	安全阀	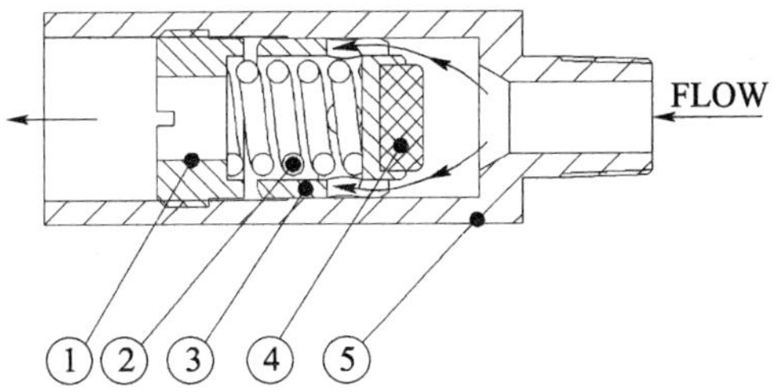 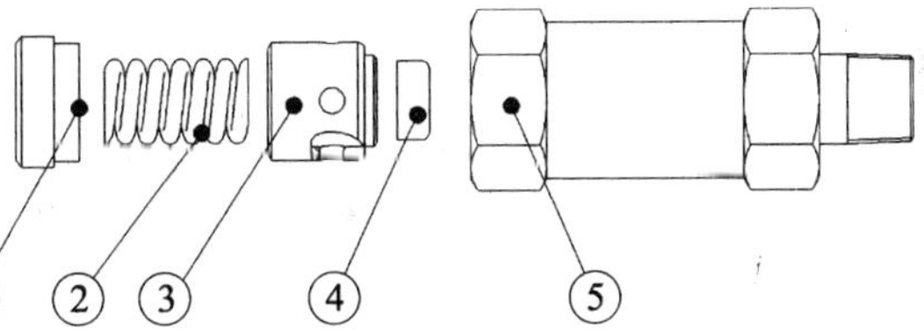 FLOW ①②③④⑤ ①②③④⑤ 零部件名称: ①-调节螺母;②-弹簧;③-阀瓣;④-密封垫片;⑤-阀体 泄漏的处理: 安全阀主体或者不能关闭造成的泄漏,只能更换相同型号和相同开启压力的阀门。 安全阀的泄漏发生在阀体与连接件之间,用生料带缠绕序号⑤的螺纹(注意不要让生料带进入管道造成堵塞),然后拧紧。 易损部件: 本阀门属于整体更换。 安全阀更换步骤: (1)将储气瓶上的所有阀门均关闭。 (2)将瓶内的压力完全排空。 (3)在新的安全阀上缠好生料带,涂上密封脂,更换安全阀。 (4)增压或加液后做检漏处理。 注意事项: 维修过程中需要先将瓶内压力完全放空时,推荐在方便加气的维修点进行处理,以避免将瓶内压力完全放空后出现车辆无法起动的问题。 需使用不产生火花的工具(如铜扳手、橡胶锤)进行维修。 将气瓶压力排空的操作步骤: (1)如果条件允许优先选择在加气站用回气枪进行排气,将回气枪接到气口上,打开排放阀将瓶内压力完全排空即可。

续上表

序号	维修部位	技术要求
1	安全阀	否则按照以下步骤进行排放： ①首先将车辆停放在空旷的位置(不允许在封闭及半封闭的厂区内作业)，确保排放区域35m范围内无明火。 ②将回气口后部的软管接头拆下(软管尾部排放端口请勿朝向车辆，需朝向车辆外部，确保人员安全)。 ③缓慢打开排放阀，排空瓶内压力(排放一段时间需将排放阀关闭1min，防止排放出的气体在地面和空中集聚、浓度超标)。 ④将瓶内的压力全部排空即可。 (2)储气瓶上的所有接头和密封面需要定期做检漏处理，检漏方式可以使用肥皂水喷涂在接头连接处或使用检漏仪进行检漏，发现问题及时处理(推荐检查周期可以为一周一次或15天一次，客户自行视情况而定)。 (3)储气瓶上所有的螺纹连接处都要做定期紧固处理，如绑带上紧固螺钉、瓶底部鞍座和框架之间固定螺钉都需要做定期的检查并紧固(检查周期，客户需针对车辆使用环境等制定相关的周期，一般为15天一次)。 (4)安全阀应根据国家强制规定定期到当地的监督检查部门做检查(安全阀一年检定一次)
2	气压压力表	(1)每6个月按规定送检。 (2)压力表更换步骤： ①将储气瓶上的所有阀门均关闭； ②将瓶内的压力完全排空； ③更换压力表； ④增压或加液后做检漏处理
3	液位计	(1)液位计接头组件漏气检修： ①先用温水将液位计接头组件上的冰(霜)浇化掉； ②拧松液位计黑色保护线上铜螺母； ③用一只扳手并住接头组上部的铜堵头，再用另一只扳手松开下部不锈钢的薄锁紧螺母； ④用一只扳手将接头组件的不锈钢壳体并住，再用另一只扳手将接头组件上部铜堵头拧紧，做检漏处理。 (2)液位计防漏装置前90°弯头开裂，更换步骤： ①将储气瓶内的压力完全排空； ②将液位计黑色保护线两端的螺母松开，拔出插在变送器中的芯线，取下黑色液位保护线； ③拆除液位计接头组件； ④更换90°弯头，在安装弯头时注意不要将液位计信号传输线损坏，以防影响液位的显示； ⑤将所有接头复位，增压或加液后做检漏处理

续上表

<table>
<tr><th>序号</th><th>维修部位</th><th>技 术 要 求</th></tr>
<tr><td>4</td><td>低温截止阀</td><td> 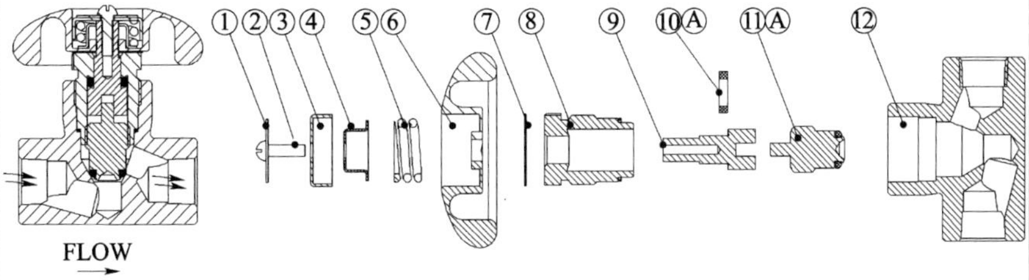
流向图
零部件名称：
①-垫片；②-螺钉；③-弹簧罩；④-衬套；⑤-弹簧；⑥-手轮；⑦-垫圈；⑧-螺套；⑨-阀杆；⑩-密封垫；⑪-阀瓣；⑫-阀体
泄漏的处理：
如果阀门发生泄漏，首先拧下②，按照顺序卸掉序号①、③、④、⑤、⑥、⑦，用扳手拧紧序号⑧；然后按照逆序装配恢复原状。
截止阀关闭不严后只用更换易损件，其余部分不用更换。
易损部件：
图中标示Ⓐ：⑩密封垫、⑪ 阀瓣。</td></tr>
<tr><td>5</td><td>出液止回阀</td><td> 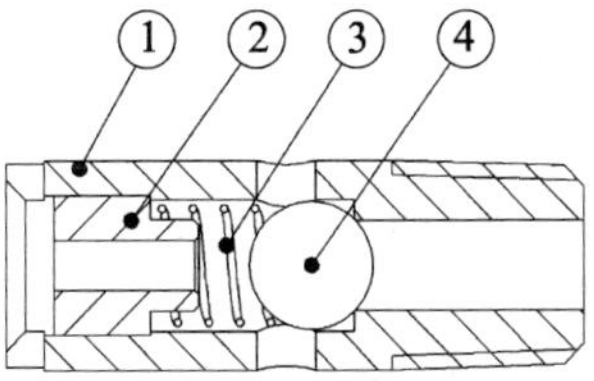
剖视图 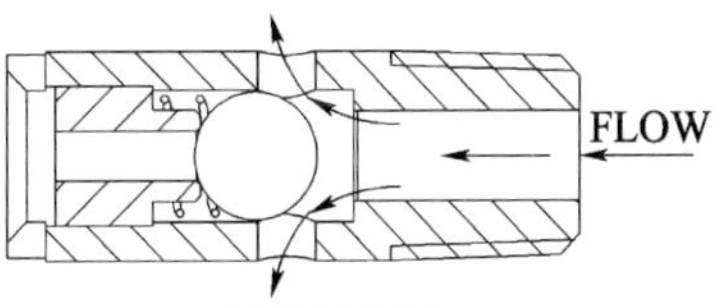　　开启状态图
零部件名称：
①-阀体；②-压盖；③-弹簧；④-钢球
易损部件：
本阀门属于整体更换。
注意事项：更换时压力放空到零，液位必须低于小止回阀位置（半瓶）。如满瓶必须放液至半瓶再更换小止回阀</td></tr>
</table>

续上表

序号	维修部位	技术要求
6	低温进液口	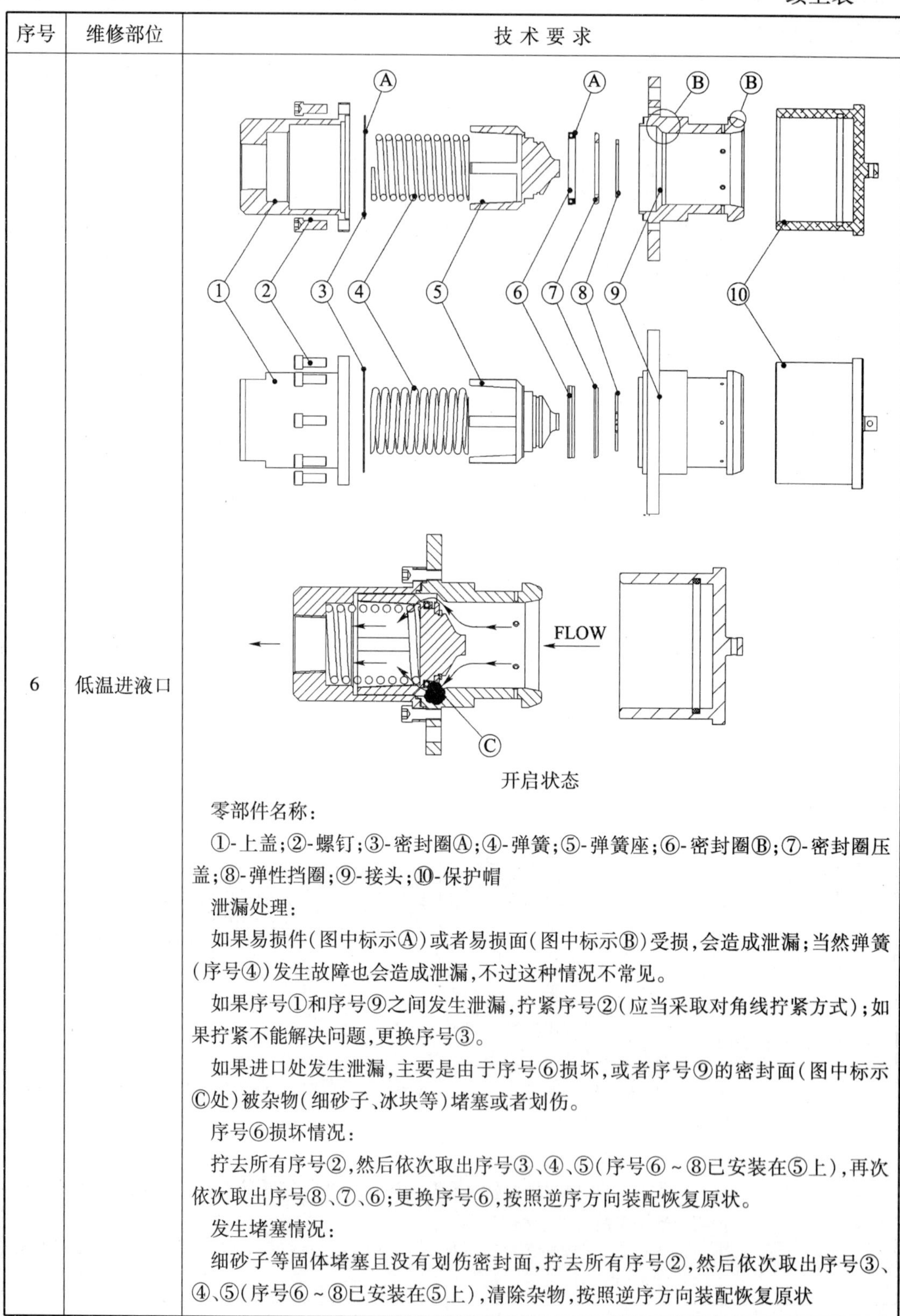 开启状态 零部件名称: ①-上盖;②-螺钉;③-密封圈Ⓐ;④-弹簧;⑤-弹簧座;⑥-密封圈Ⓑ;⑦-密封圈压盖;⑧-弹性挡圈;⑨-接头;⑩-保护帽 泄漏处理: 如果易损件(图中标示Ⓐ)或者易损面(图中标示Ⓑ)受损,会造成泄漏;当然弹簧(序号④)发生故障也会造成泄漏,不过这种情况不常见。 如果序号①和序号⑨之间发生泄漏,拧紧序号②(应当采取对角线拧紧方式);如果拧紧不能解决问题,更换序号③。 如果进口处发生泄漏,主要是由于序号⑥损坏,或者序号⑨的密封面(图中标示Ⓒ处)被杂物(细砂子、冰块等)堵塞或者划伤。 序号⑥损坏情况: 拧去所有序号②,然后依次取出序号③、④、⑤(序号⑥~⑧已安装在⑤上),再次依次取出序号⑧、⑦、⑥;更换序号⑥,按照逆序方向装配恢复原状。 发生堵塞情况: 细砂子等固体堵塞且没有划伤密封面,拧去所有序号②,然后依次取出序号③、④、⑤(序号⑥~⑧已安装在⑤上),清除杂物,按照逆序方向装配恢复原状

续上表

<table>
<tr><th>序号</th><th>维修部位</th><th>技术要求</th></tr>
<tr><td>6</td><td>低温进液口</td><td>冰块堵塞时，按照以上述步骤取出零部件，然后对零部件上的水分进行干燥（干燥过程中不得使用火焰），最后按照逆序方向装配恢复原状。
发生划伤情况：
按照序号⑥损坏情况的步骤拆卸阀门，然后对序号⑨的内部密封面进行研磨，或者更换序号⑨和序号⑥，最后按照逆序方向装配恢复原状。
如果加气枪与进液口的接触面发生泄漏，是序号⑨的密封面或者是加气枪的密封面受损。如果序号⑨受损，那么按照序号⑥损坏情况的步骤拆卸阀门，更换序号⑨，最后按照逆序方向装配恢复原状。
易损部件：
图中标示Ⓐ：③密封圈Ⓐ、⑥密封圈Ⓑ</td></tr>
<tr><td>7</td><td>进液止回阀</td><td>①②③④⑤⑥⑦⑧
B B A
FLOW
C
零部件名称：
①-压紧螺母；②-垫片一；③-弹簧压帽；④-弹簧；⑤-止回活门；⑥-垫片二；⑦-阀体；⑧-软管球面接头
泄漏的处理：
如果序号⑥和密封线受到损伤，或者在这两者之间（图中表示Ⓒ处）有杂物（细砂子、铁屑、冰块等）会造成密封失效。
如果序号⑦的锥面或序号⑧的球面有贯穿性裂纹或划痕，这两者之间的连接处会出现泄漏。</td></tr>
</table>

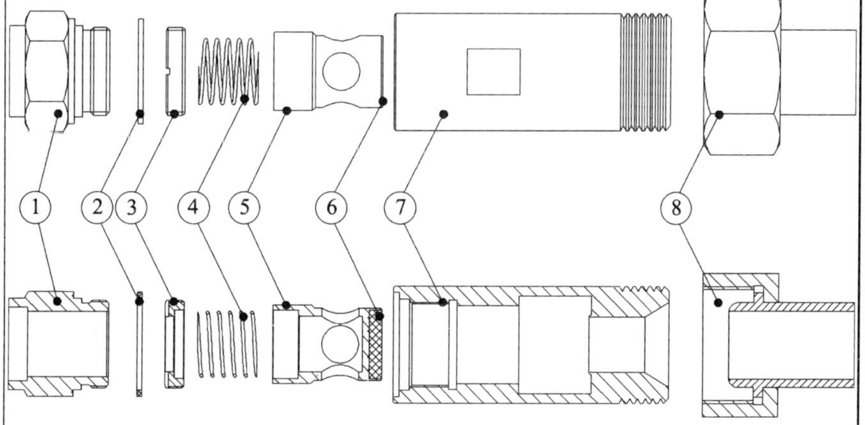

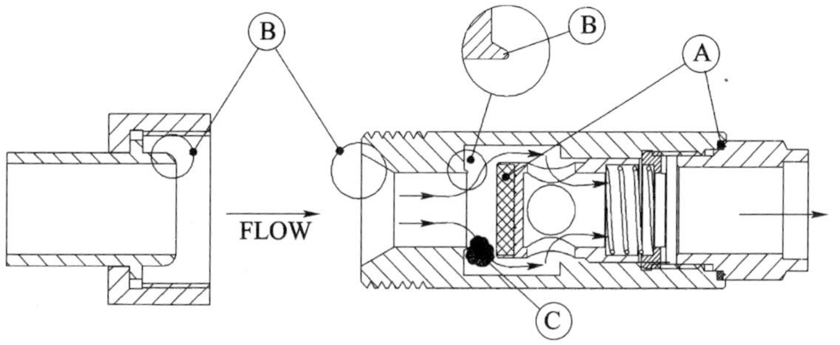

续上表

序号	维修部位	技术要求
7	进液止回阀	如果泄漏发生在序号①和序号⑦之间:首先拧紧序号⑦;如果还是继续泄漏,拧下序号⑦(序号④~⑥也同时拧下)更换序号②,再拧紧序号⑦。 序号⑥损坏情况: 拧去序号①和序号③,然后依次取出序号②、④、⑤(序号⑥已安装在⑤上),再次;更换序号⑤(序号⑥已安装在上),按照逆序方向装配恢复原状。 发生堵塞情况: 细砂子等固体堵塞且没有划伤密封面,拧去序号①和序号③,然后依次取出序号②、④、⑤(序号⑥已安装在⑤上),清除杂物,按照逆序方向装配恢复原状。 冰块堵塞时,按照以上述步骤取出零部件,然后对零部件上的水分进行干燥(干燥过程中不得使用火焰),最后按照逆序方向装配恢复原状。 发生划伤情况: 按照序号⑥损坏情况的步骤拆卸阀门,然后对序号⑦的内部密封面(图中表示放大图Ⓑ处)进行研磨,或者更换序号⑦,其次更换序号⑤(已装序号⑥),最后按照逆序方向装配恢复原状。 如果泄漏发生在序号⑦和序号⑧之间:首先拧下序号⑧,查看是何处密封面受损,研磨受损面或者更换受损面的相应部件。 易损部件: 图中标示Ⓐ:② 垫片一、⑥ 垫片二
8	过流阀	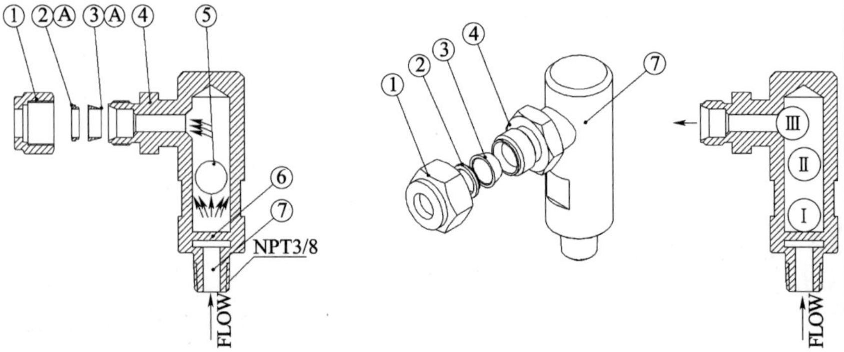 ① ②Ⓐ ③Ⓐ ④ ⑤ ⑥ ⑦ NPT3/8 FLOW ① ② ③ ④ ⑦ Ⅲ Ⅱ Ⅰ FLOW 零部件名称: ①-卡套压紧螺母;②-卡套一; ③-卡套二;④-阀体;⑤-钢球;⑥-挡销;⑦-阀体 泄漏的处理: 如果泄漏发生在出口处,最好是更换序号②、③,如果不具备更换零件的情况下,可以在外面缠绕生料带然后拧紧序号①。在更换序号②、③的程序中,如果需要将管子进行切割,那么必须保证管子的端头平齐,否则泄漏的情况无法解决。 如果泄漏发生在进口处,用生料带缠绕序号⑦的螺纹(注意不要让生料带进入管道造成堵塞),然后拧紧。 易损部件: 图中标示Ⓐ:② 卡套一、③ 卡套二。 一般情况下,只要钢球不发生磨损和阀门不进行拆卸,该阀门不用进行维修

续上表

序号	维修部位	技 术 要 求
9	升压调节阀	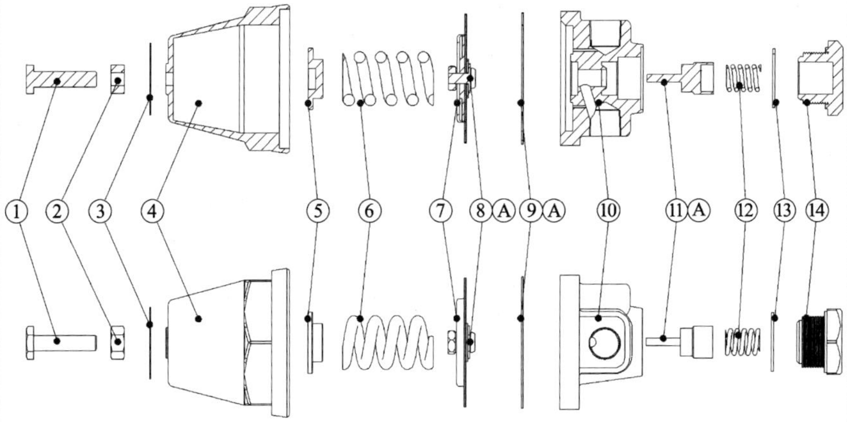 零部件名称： ①-调节螺杆；②-锁紧螺母；③-铭牌；④-阀盖；⑤-弹簧上垫块；⑥-弹簧Ⓐ；⑦-压环；⑧-弹簧下垫块组件；⑨-垫片Ⓐ；⑩-阀体；⑪-阀瓣组件；⑫-弹簧Ⓑ；⑬-垫圈；⑭-螺塞 泄漏的处理： 如果泄漏发生在序号④和序号⑩的连接处，拧紧序号④，如果继续泄漏拧下序号④，然后取出能够取出的部件，更换序号⑨，按照逆序装配恢回原状（注意维修过程中不要调整序号①，否则设定压力会变化）。 如果泄漏发生在序号⑩和序号⑭的连接处，拧紧序号⑭，如果继续泄漏拧下序号⑭，然后取出能够取出的部件，更换序号⑬，按照逆序装配恢回原状。 如果序号④上的小孔有漏气现象，说明序号⑧上的膜片已经破损，拧下序号④，然后取出能够取出的部件，更换膜片（共 3 张），按照逆序装配恢回原状（注意维修过程中不要调整序号①，否则设定压力会变化）。 如果泄漏发生在进、出口处，用生料带缠绕与序号⑩相连部件的螺纹（注意不要让生料带进入管道造成堵塞），然后拧紧该部件。 易损部件： 图中标示Ⓐ：⑧弹簧下垫块组件（其中的膜片）、⑨垫片Ⓐ、⑬垫圈

续上表

序号	维修部位	技术要求
10	放空(回气)接头	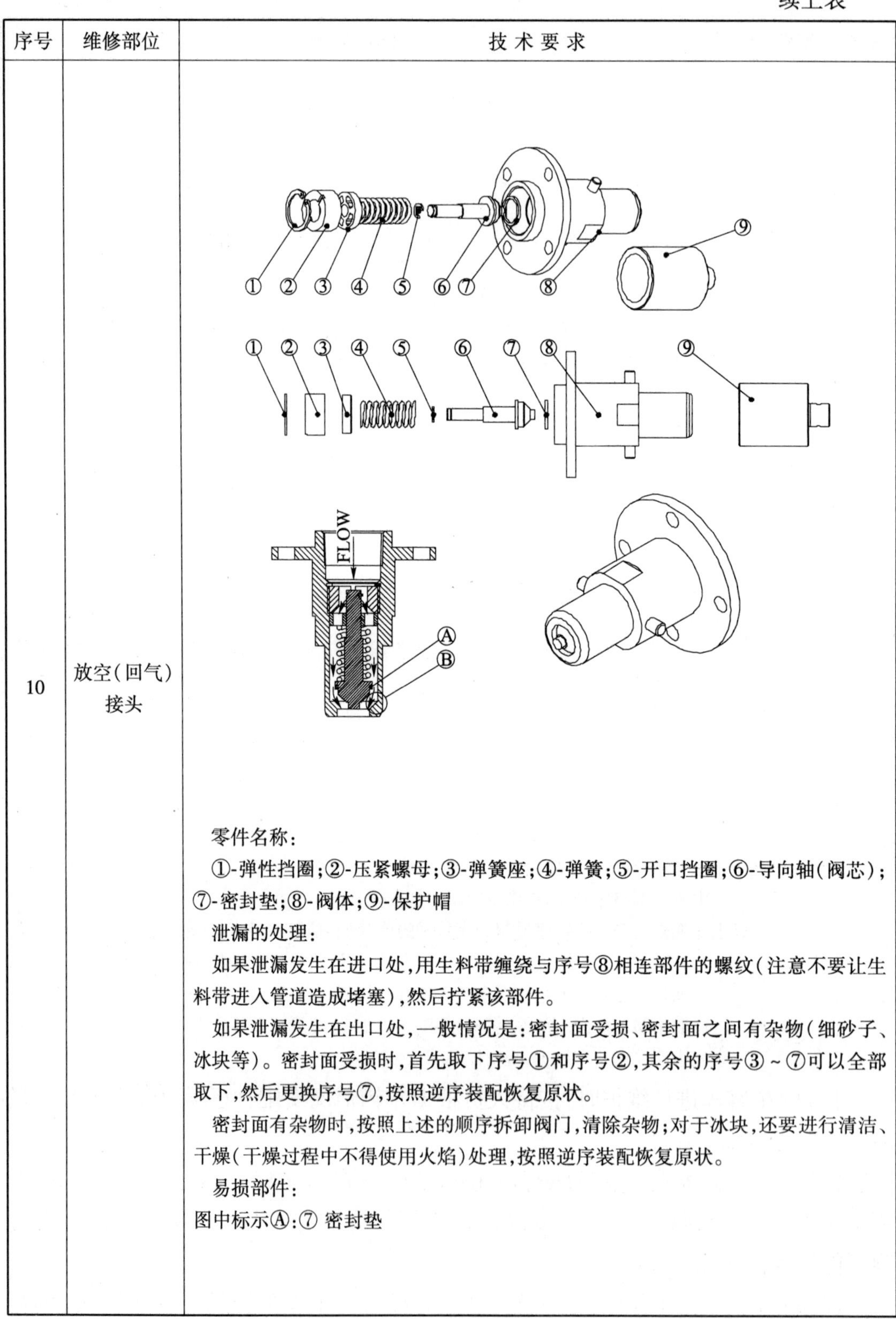 零件名称: ①-弹性挡圈;②-压紧螺母;③-弹簧座;④-弹簧;⑤-开口挡圈;⑥-导向轴(阀芯);⑦-密封垫;⑧-阀体;⑨-保护帽 泄漏的处理: 如果泄漏发生在进口处,用生料带缠绕与序号⑧相连部件的螺纹(注意不要让生料带进入管道造成堵塞),然后拧紧该部件。 如果泄漏发生在出口处,一般情况是:密封面受损、密封面之间有杂物(细砂子、冰块等)。密封面受损时,首先取下序号①和序号②,其余的序号③~⑦可以全部取下,然后更换序号⑦,按照逆序装配恢复原状。 密封面有杂物时,按照上述的顺序拆卸阀门,清除杂物;对于冰块,还要进行清洁、干燥(干燥过程中不得使用火焰)处理,按照逆序装配恢复原状。 易损部件: 图中标示Ⓐ:⑦ 密封垫

续上表

序号	维修部位	技 术 要 求
11	经济阀	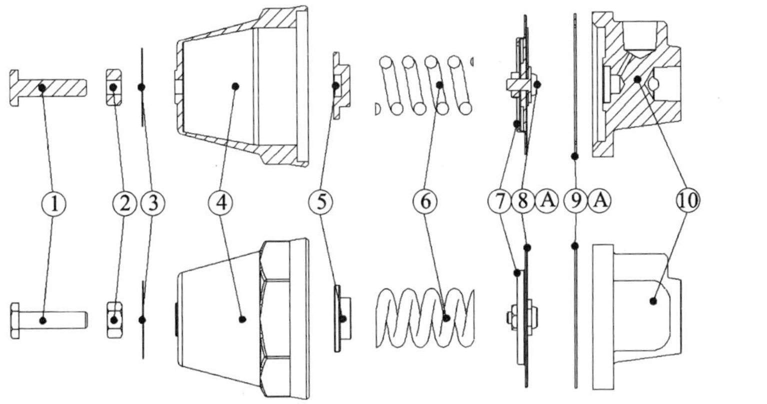 零部件名称： ①-调节螺杆；②-锁紧螺母；③-铭牌；④-阀盖；⑤-弹簧上垫块；⑥-弹簧；⑦-压环；⑧-弹簧下垫块组件；⑨-垫片；⑩-阀体 泄漏的处理： 如果泄漏发生在序号④和序号⑩的连接处，拧紧序号④，如果继续泄漏拧下序号④，然后取出能够取出的部件，更换序号⑨，按照逆序装配恢复原状（注意维修过程中不要调整序号①，否则设定压力会变化）。 如果序号④上的小孔有漏气现象，说明序号⑧上的膜片已经破损，拧下序号④，然后取出能够取出的部件，更换膜片（共 3 张），按照逆序装配恢复原状（注意维修过程中不要调整序号①，否则设定压力会变化）。 如果泄漏发生在进、出口处，用生料带缠绕与序号⑩相连部件的螺纹（注意不要让生料带进入管道造成堵塞），然后拧紧该部件。 易损部件： 图中标示Ⓐ：⑧弹簧下垫块组件（其中的膜片）、⑨垫片

第四节　LNG 客车维修作业安全技术要求

一、LNG 维护作业场地的安全技术要求

(1) LNG 客车进厂维护时，接待人员根据车辆情况安排合适场地和经过培训的专业人员进行维护作业。

(2) LNG 维修场地严禁吸烟，场内应有消防设施，配备合适数量的干粉灭火器，周围应当有充足水源（主要是用来降温），车辆与周围明火距离不得小于 10m，并远离可能发生电火花的区域。

(3) LNG 汽车维护作业前，应首先进行 LNG 专用装置的密封性检查。如有泄漏

应先排除故障,在确认系统密封良好后再进行维护作业。

(4)LNG 系统维修需要排放液体或者大量排气时,场地必须保持空旷通风,周围必须有人看管,维修场地严禁接打手机、使用无线电设备,不允许烟火进入,不得使用非防爆电气设备。维修作业时必须设置提醒牌,非修理人员严禁靠近维修场地和作业车辆。

(5)在维修 LNG 系统时,维修人员必须戴护目镜和绝热手套(绝热手套必须宽大、保持干燥),需穿长裤,且裤脚必须盖过鞋帮开口,鞋底不应带有铁掌,严禁未带防护用具维修作业,防止因 LNG 液体溅出或溢出造成冻伤。

(6)维修 LNG 系统时,严禁敲击或者碰撞储气瓶、管路及各种阀体,阀门因结霜冻住时可用温水解冻后再开启。

(7)LNG 客车使用中因供气系统 LNG 吸热蒸发,储气瓶至汽化器之间的管路或阀门连接处会有少量结霜现象,这是正常现象。检修时不能用冷水来冲洗清理结霜,可用温水融化。但如果是汽化器处发生严重结霜时,则要分析原因排除结霜现象。否则将造成发动机工作不良,严重时易损坏电磁阀、稳压器和计量阀等部件。

(8)在车辆维护和故障排除过程中,如果涉及燃气装置的管路接头、阀门、仪表、稳压装置的拆装、调整等作业时,维修人员应首先关闭点火开关,切断电源,关闭低温截止阀后方可拆卸故障部位。如泄漏或者故障部位准确诊断有困难,在保证车辆周围 10m 内无明火的前提下,允许开启低温截止阀进行检查,并保证场地的有效通风。

(9)在 LNG 修理时要防止冷灼伤,在系统工作时避免皮肤直接接触管路,接触管路阀门等要戴好防护手套,且不能长时间停留在低温管路和阀门上以免冻伤。

(10)当环境中氧气浓度小于 19% 时,用空气吹扫天然气高浓度区域,保持氧气的浓度大于 19%,但要注意控制天然气的浓度小于 1%。

(11)维修完毕,应采用气体检测仪或肥皂水进行泄漏检验。

(12)在拆检管路和各种接头后,必须对管路进行吹管处理。

(13)电焊作业时,必须关闭电源开关并拆下蓄电池桩头。当需要进行焊割等有明火的作业时,应拆掉蓄电池及重要总成的电控元件。应安全隔离储气瓶;或在专用的符合安全防护要求的场地将 LNG 供气系统(包括储气瓶)卸压。

二、LNG 客车维修安全操作规程

(1)LNG 维修时必须严禁吸烟和使用明火。底盘或车身等维修需要动用明火时,先要检查燃料供应系统的密封性,必要时做好防止明火辐射或火星飞溅的隔离措施。在发动机附近检修时不能用跳火方法检查电路的通电情况。

（2）检修 LNG 供气管路时要做好安全防护措施，穿戴好工作服和绝热手套，戴上防护目镜和脸罩。裸露的手不允许直接接触装有 LNG 而未经隔离的管道和附件，这种极冷的金属会粘住皮肉而且拉开时将其撕裂，防止 LNG 泄漏灼伤人的皮肤。冷灼伤的处理：当皮肤与低温表面粘连时，可用热水冲洗的方法使皮肉解冻，然后再挪开冻结部位，将灼伤的部位立即用温水进行水浴，严重的送医院做进一步治疗。

（3）维护作业时必须用肥皂液或专用检漏仪（甲烷探测仪）来检测管路、阀门等部件的渗漏情况。LNG 发动机热负荷大，为此要加强检查发动机舱的隔热防护措施。

（4）更换阀件时先要对气瓶内气体排放降压，排放降压时必须将车辆停放在室外，在排放车辆周围做好防护措施，防止非作业人员靠近作业区。

（5）LNG 客车使用中因供气系统 LNG 吸热蒸发，气瓶至汽化器之间的管路或阀门连接处会有少量结霜现象，这是正常现象。检修时不能用冷水来冲洗清理结霜，可用热水融化。但如果是汽化器处发生严重结霜时，则要分析原因排除结霜现象。否则将造成发动机工作不良，严重时易损坏电磁阀、稳压器和计量阀等部件。

（6）当气瓶内的气压超过安全阀限定压力时，安全阀自动打开排气降压，因 LNG 的超低温特点，有时阀门处会结霜导致阀门不能正常关闭，这时可用温水融化冰霜，或用木锤轻敲直到关闭即可。严禁在安全阀出口处加装堵塞防漏气，会造成气瓶压力过高引起内胆胀裂。

（7）维修车间要具备良好的通风条件，以免万一 LNG 泄漏时快速散发。LNG 客车不要停放在有焊接（电焊和气焊）作业的区域，也不能停放在全封闭式的车位内。

（8）如果发生火灾事故，立即按动仪表台上灭火弹启动按钮，关闭点火开关和气瓶截止阀，同时疏散人员，尽快向有关部门报告，隔离现场，保护现场，必须用干粉灭火器进行灭火，不能用水喷向泄漏的 LNG，这会引起 LNG 的大量蒸发而加大火势。

三、LNG 客车维修受伤时，应急措施

（1）冷灼伤的处理：当皮肤与低温表面粘连时，可用温水加热方法使皮肉解冻，然后再挪开冻结部位，并将伤员移至温暖的地方（约 20℃）。除去所有妨碍冻伤部位血液循环的衣物；将冻伤的部位立即进行水浴，水温要求 40 ~ 45℃；应急处理后，应立即将伤员送往医院做进一步治疗。

（2）窒息的处理：当操作人员因缺氧呼吸困难或失去知觉时，应当立即将其撤离现场，移至有新鲜空气的地方并进行人工呼吸。如果操作人员停止呼吸，应当立即

进行人工呼吸并马上送往医院治疗。

(3)火灾的处理:当LNG客车处于火灾环境时,在保证人身安全的条件下,应关闭LNG储气瓶上的所有阀门,同时疏散人员,尽快向有关部门报告,隔离现场,保护现场,必须用干粉灭火器进行灭火,不能用水喷向泄漏的LNG,这会引起LNG的大量蒸发而加大火势。

四、LNG气瓶排放注意事项

当LNG车用气瓶需要维修更换安全阀、压力表、截止阀、液位计及相关连接部件等作业时,必须先排放气瓶内的气相天然气,给气瓶减压至正常大气压,然后才可以进行更换安全阀、压力表、截止阀及相关连接部件等作业。当气瓶需要维修、检测或更换自增压系统液相截止阀(它位于气瓶底部)等作业时必须全部排放瓶内的LNG,以确保维修作业的安全。LNG车用气瓶的排放作业安全要求高,其作业操作规程是:

(1)使用不产生火花的工具(如铜扳手、橡胶锤)进行维修,不能使用金属材质的工具直接敲击LNG供气系统的金属部件。

(2)车辆回场后,气瓶内液体较少时安排维修作业,减少LNG燃料的排放损耗。切断电源开关,严禁明火和使用手机。根据维修作业要求关闭出液截止阀、自增压系统的截止阀。

(3)如果条件允许优先选择在加气站用回气枪进行排气,将回气枪接到回气口上,打开排放阀将瓶内压力完全排空即可。

如果不能在加注站排放,则将车辆停放在空旷的位置(不允许在封闭及半封闭的厂区内作业),作业区远离火源,确保排放区域30m范围内无明火。

(4)排放时要缓慢打开排放阀,排放端口请勿朝向车辆,需朝向车辆外部,便于向空中飘散,不能朝向人体喷射,确保人员安全。

(5)在维修汽化器以后的部件时,先要关闭截止阀,少许拧松需要拆卸的部位,让管路中的天然气缓慢排放,全部排空后再进行维修作业。

(6)更换了安全阀、压力表、截止阀或管路部件及供气系统部件后,必须检测拆装部位的密封性。因气瓶排空减压后为正常大气压,此时打开自增压系统进行增压,当气瓶压力达到0.6MPa时再打开出液截止阀,然后可以使用肥皂水喷涂在接头连接处或使用检漏仪进行检漏,发现问题及时处理。

(7)维修作业人员必须穿戴好工作服、头盔和防护手套,确保身体部位不受LNG灼伤。

第五章　LNG 装置的检测规程

第一节　LNG 装置安全检测法规及标准

（1）《中华人民共和国特种设备安全法》（2014 年 4 月 1 日实施）。

（2）国家质量监督检验检疫总局令第 46 号《气瓶安全监察规定》（2003 年 6 月 1 日实施）。

（3）国务院令第 549 号《特种设备安全监察条例》（2003 年 6 月 1 日实施）。

（4）TSGZF 001—2006《安全阀安全技术监察规程》。

（5）TSG R0009—2009《车用气瓶安全技术监察规程》。

（6）TSG R0004—2009《固定式压力容器的安全技术监察规程》。

（7）JJG 52—1999《弹簧管式一般压力表、压力真空表和真空表检定规程》。

（8）GB 7258—2012《机动车运行安全技术条件》。

（9）GB 18565—2001《营运车辆综合性能要求和检验方法》。

（10）GB 18442—2011《低温绝热压力容器》。

（11）GB/T 19204—2003《液化天然气的一般特性》。

（12）GB/T 17676—1999《天然气汽车和液化石油气汽车标志》。

（13）GB/T 17895—1999《天然气汽车和液化石油气汽车词汇》。

（14）GB/T 20734—2006《液化天然气汽车专用装置安装要求》。

（15）QC/T 755—2006《液化天然气汽车专用装置技术条件》。

第二节　LNG 安全装置的检测规定

2014 年 1 月 1 日起施行的《中华人民共和国特种设备安全法》条款：

第三十五条　特种设备使用单位应当建立特种设备安全技术档案。安全技术档案应当包括以下内容：

（一）特种设备的设计文件、产品质量合格证明、安装及使用维护保养说明、监督

检验证明等相关技术资料和文件;

(二)特种设备的定期检验和定期自行检查记录;

(三)特种设备的日常使用状况记录;

(四)特种设备及其附属仪器仪表的维护保养记录;

(五)特种设备的运行故障和事故记录。

第四十条　特种设备使用单位应当按照安全技术规范的要求,在检验合格有效期届满前一个月向特种设备检验机构提出定期检验要求。

特种设备检验机构接到定期检验要求后,应当按照安全技术规范的要求及时进行安全性能检验。特种设备使用单位应当将定期检验标志置于该特种设备的显著位置。

未经定期检验或者检验不合格的特种设备,不得继续使用。

一、车用气瓶检验周期规定

LNG 在我国车用汽车上推广应用仅 4 ~ 5 年,这项新技术、新设备、新能源(清洁能源)的快速推广应用势在必行。但是目前我国对 LNG 车用气瓶的检测周期没有明确的要求,国家质检总局相关法规中没有明确的相关规定和标准,各省对气瓶的检测标准、检验周期各不相同。以下是笔者搜集的国内现行的几项相关法律法规,以供读者分享。

(1)国务院令第 549 号《特种设备安全监察条例》中的有关规定,于 2003 年 6 月 1 日实施。

《特种设备安全监察条例》第九十九条对“压力容器”作了定义:压力容器,是指盛装气体或者液体,承载一定压力的密闭设备,其范围规定为最高工作压力大于或者等于0.1MPa(表压),且压力与容积的乘积大于或者等于2.5MPa · L 的气体、液化气体和最高工作温度高于或者等于标准沸点的液体的固定式容器和移动式容器;盛装公称工作压力大于或者等于 0.2MPa(表压),且压力与容积的乘积大于或者等于1.0MPa · L 的气体、液化气体和标准沸点等于或者低于 60℃ 液体的气瓶;氧舱等。

(2)国家质量监督检验检疫总局令第 46 号《气瓶安全监察规定》中的有关规定,于 2003 年 6 月 1 日实施。

第二条　本规定适用于正常环境温度(-40 ~ 60℃)下使用的、公称工作压力大于或等于 0.2MPa(表压)且压力与容积的乘积大于或等于 1.0MPa · L 的盛装气体、液化气体和标准沸点等于或低于 60℃ 的液体的气瓶(不含仅在灭火时承受压力、储存时不承受压力的灭火用气瓶)。

军事装备、核设施、航空航天器、铁路机车、船舶和海上设施使用的气瓶不适用本规定。

第三十六条　气瓶定期检验证书有效期为 4 年。有效期满前，检验机构应当向发证部门申请办理换证手续，有效期满前未提出申请的，期满后不得继续从事气瓶定期检验工作。

(3)TSG R0004—2009《固定式压力容器的安全技术监察规程》中的相关规定：

1.3　适用范围

本规程适用于同时具备下列条件的压力容器：

(1)工作压力大于或者等于 0.1MPa；

(2)工作压力与容积的乘积大于或者等于 2.5MPa · L；

(3)盛装介质为气体、液化气体以及介质最高工作温度高于或者等于其标准沸点的液体。

1.5　不适用范围

本规程不适用于下列压力容器：

(1)移动式压力容器、气瓶、氧舱。

7.3　定期检验周期

定期检验是指在压力容器停机时进行的检验和安全状况等级评定。压力容器一般应当于使用后 3 年内进行首次定期检验。下次的检验周期，由检验机构根据压力容器的安全状况等级，按照以下要求确定：

(1)安全状况等级为 1、2 级的，一般每 6 年一次；

(2)安全状况等级为 3 级的，一般 3 ~ 6 年一次；

(3)安全状况等级为 4 级的，应当监控使用，其检验周期由检验机构确定，累积监控使用时间不得超过 3 年；

(4)安全状况等级为 5 级的，应当对缺陷进行处理，否则不得继续使用；

(5)压力容器安全状况等级的评定按照《压力容器定期检验规则》进行，符合其规定条件的，可以适当缩短或延长检验周期。

二、安全阀检验周期规定

TSG ZF001—2006《安全阀安全技术监察规程》对安全阀作了定义，明确了安全阀的检查周期。

附件 A：术语 A1 对安全阀作了明确的阐述。

安全阀：一种自动阀门，它不借助任何外力而利用介质本身的力来排出一额定数量的流体，以防止压力超过定额的安全值。当压力恢复正常后，阀门自行关闭阻止介质继续流出。

附件B:安全阀安全技术要求

条款B6.3 校验

B6.3.1 校验周期

安全阀的校验周期应当符合以下要求:

(1)安全阀定期校验,一般每年至少一次,安全技术规范有相应规定的从其规定;

(2)经解体、修理或更换部件的安全阀,应当重新进行校验。

B6.3.2 校验周期的延长

当符合以下基本条件时,安全阀校验周期可以适当延长,延长期限按照相应安全技术规范的规定:

(1)有清晰的历史记录,能够说明被保护设备安全阀的可靠使用;

(2)被保护设备的运行工艺条件稳定;

(3)安全阀内件材料没有被腐蚀;

(4)安全阀在线检查和在线检测均符合使用要求;

(5)有完善的应急预案。

对生产需要长周期连续运转时间超过1年以上的设备,可以根据同类设备的实际使用情况和设备制造质量的可靠性以及生产操作采取的安全可靠措施等条件,并且符合本规程要求,可以适当延长安全阀校验周期。

三、压力表检验周期规定

JJG 52—1999《弹簧管式一般压力表、压力真空表和真空表检定规程》对压力表进行了定义,明确了压力表的检定周期。

条款2 概述压力表:压力表主要用于液体、气体与蒸气压力和真空的测量。压力表的工作原理是弹簧管在压力和真空的作用下,产生弹性变形引进管端位移,其位移通过机械传动机构进行放大,传递给指示装置,再由指针在刻有法定计量单位的分度盘上指出被测压力或真空量值。

条款5.5 明确了检定周期:压力表的检定周期一般不超过半年。

第三节 LNG安全装置的使用要求

LNG专用装置的气瓶是压力容器,供气系统中有2~4只安全阀,正常使用压力达0.7~0.8MPa,高压时可达2~3MPa(二级安全阀设定压力为2.93MPa)。根据国

家对特种设备的使用要求,购买新车时必须要求客车厂家提供以下证明材料:

(1)车用气瓶生产厂颁发的产品合格证书;

(2)汽车生产厂家的车用气瓶安装合格证书;

(3)车用气瓶及其安全阀和压力表都必须经质量技术监督管理部门许可的特种设备安全检验合格有效证书(样张详见附件)。

车用气瓶及其安全阀和压力表的检验有效期各不相同,为此交接车辆时还必须校对检查有效日期,做好相应原始台账记录。

附件:(1)装配查特气瓶的宇通客车出厂时提供的相关证书;

(2)车用气瓶产品合格证及安装合格证书;

(3)车用气瓶检测报告;

(4)安全阀检测报告;

(5)压力表检测报告。

附件1:车用气瓶产品合格证书

查特深冷工程系统(常州)有限公司

产　品　合　格　证

气瓶名称：　汽车用液化天然气气瓶

气瓶型号：　WLNG495-1.38-02

产品编号：　TH495L13144-10

内胆编号：　TH495L13144-10

P/N：　20541997

制造日期：　2013年9月

制造许可证：　TS2210323-2015

本产品的制造符合Q/3204AHF002-2012《汽车用液化天然气气瓶》和设计图样要求。经检验合格。

检验责任工程师（章）　　　　质量检验专用章

主要技术数据：

公称容积：　495　L　　　　公称工作压力：　1.38　　MPa

内胆内径：　600　mm

充装介质：液化天然气

最大充装量(kg)：186

内胆筒体设计壁厚：　3.16　mm　　　内胆封头设计壁厚：3.3mm

内胆筒体钢材牌号：SUS304　　　　材料标准代号：JIS G4305

内胆封头钢材牌号：06Cr19Ni10　　　材料标准代号：GB24511

内胆材料化学成分规定值 %：

C≤0.07%　Si≤1.00%　Mn ≤2.00%　P≤0.035%　S≤0.030%

Cr：17.00~19.00%　　Ni：8.00~11.00%　　N≤0.10%

内胆材料强度规定值：R_m≥540MPa　　　$R_{p0.2}$≥265MPa

气瓶净质量（不包括可拆件）：　245kg

内胆气压试验压力：　　　2.76MPa

管路气密性试验压力：　　1.38MPa

焊缝射线透照检测：

依据标准：JB/T 4730

检测比例：纵焊缝：100%射线　　环焊缝：100%射线

合格级别：射线Ⅱ级合格

检测结果：符合要求

焊缝返修次数：

1次：0　处；　　2次：0　处；　　3次：　0　处

内胆焊缝返修部位展开简图：

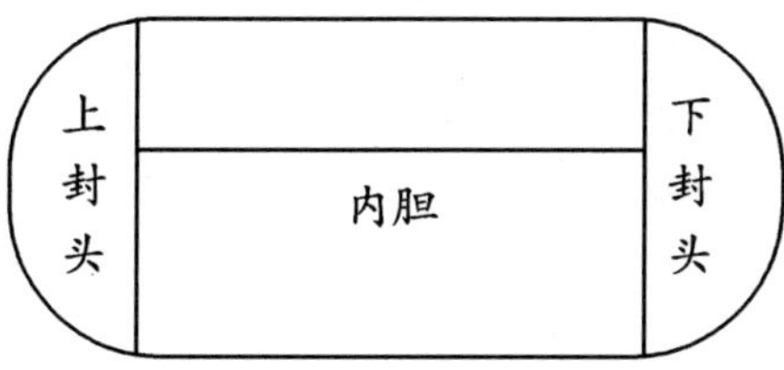

附件2：车用气瓶安装合格证书

郑 州 宇 通 客 车 股 份 有 限 公 司

车用燃气气瓶安装合格证

车辆型号：ZK6122HNQ7E　　气瓶出厂编号：TH495L13144-10

底盘型号：/

VIN号：LZYTATEFXD1056735

发动机型号：WP10NG336E50

发动机编号：1611S175295　　安装编号：YTN20134049　合格证签发人：王传鑫

中华人民共和国特种设备安装改造维修许可证编号：TS3241034–2017。

我公司生产的燃气车辆经过检验合格，符合《车用气瓶安全技术监察规程》；特发此证。

车辆工号：13B287W–0006

郑州宇通客车股份有限公司

车用燃气气瓶安装合格专用章（章）

附件 3：车用气瓶检测报告

查特深冷工程系统（常州）有限公司

批量检验质量证明书

气瓶名称：　汽车用液化天然气气瓶

气瓶型号：　WLNG495-1.38-02

充装介质：　液化天然气

图号：　C-14765881-O

产品批号：　TH495L13144

完成日期：　2013-9-12

制造许可证：　TS2210323-2015

本批气瓶产品共　50　只，编号从　1　号到　50　号

本批气瓶内胆共　50　只，编号从　1　号到　50　号

经检查和试验符合 Q/3204AHF002-2012《汽车用液化天然气气瓶》及设计图样的要求，为合格产品。

监察单位专用章　　　　制造单位检验专用章

监检员　　　　检验责任工程师

年　月　日　　　　年　月　日

制造单位地址：中国江苏常州新北区河海西路388号

邮　政　编　码：213032

特种设备制造监督检验证书（气瓶）

CZTJ-BG-R05-01/1.0

证书编号：CZ-PC-2013-0120256

制造单位：查特深冷工程系统(常州)有限公司

许可证号：B3；TS2210323-2015

产品名称：汽车用液化天然气气瓶　产品型号：WLNG495-1.38-02

产品批号：TH495L13144　产品数量：50

产品编号：TH495L13144-01~50　产品标准：Q/3204AHF002-2012

制造日期：2013年09月

本批产品编号中不包括：无

按照《特种设备安全监察条例》的规定，该批产品经我单位监督检验，安全性能符合《车用气瓶安全技术监察规程》的规定。特发此证，并在气瓶的铭牌部位标注如下监检标志。

TS

监　检：

审　核：

批　准：

江苏省特种设备安全监督检验研究院

(监检专用章)

监检机构核准证编号：TS7110213-2015

注：（1）本证书复印无效，有关各方对所持证书的真实性有疑问时，可以向我机构查询；
（2）本证书一式三份，使用单位、监检机构和制造单位各一份。

1. 主要技术数据

公称容积：495　L　　公称工作压力：1.38　MPa

内胆直径：600　mm　　内胆试验压力：2.76　MPa

内胆名义壁厚：3.5mm　　内胆设计壁厚：3.16　mm

2. 力学性能试验

试板编号	抗拉强度	弯 曲 试 验		低 温 冲 击	
	R_m/MPa	横向面弯	横向背弯	冲击温度	冲击功
TH495L13144-01	637	合格	合格	−196℃	23/16/16

3. 气瓶材料化学成分(%)

牌号	C	Mn	P	S	Si	Ni	Cr	N
SUS304	0.042	1.12	0.019	0.002	0.48	8.06	18.14	0.097
SA240304	0.041	1.09	0.035	0.0026	0.49	8.00	18.46	0.058
标准值	≤0.07	≤2.00	≤0.035	≤0.03	≤1.00	8.00~11.00	17.00~19.00	≤0.10

4. 焊接材料

焊丝(条)牌号	焊丝(条)直径/mm
ER308LSi	1.2mm

5. 焊缝检测

纵焊缝：100%射线检测，按JB/T 4730.2检测II级合格。

环焊缝：100%射线检测，按JB/T 4730.2检测II级合格。

返修 1 次：0 处；　2次：0 处；　3 次：0 处

6. 抽检瓶性能测试

抽检编号	静态蒸发率[%d(LN_2)]
02	2.49

7. 抽检瓶返修部位（简图）

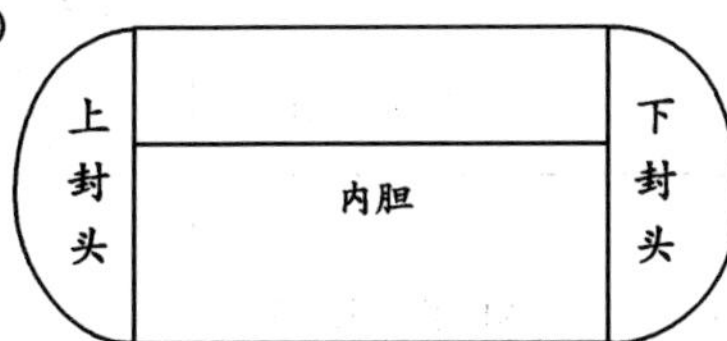

附件4:安全阀检测报告

JSTJ-BG-114-01-01/2.0

报告编号(Report No): CZ-AF-2013-W27595

安全阀校验报告
Safety Valve Calibration Report

使用单位 Applicant	查特深冷工程系统(常州)有限公司 Chart Crogenic Engineering Systems (changzhou) Co,		
单位地址 Address	常州市河海西路388号 388 Hehai West Rosd	设备名称 Epuipment Name	储罐 Vessel
安全阀安装位置 Installation Position	管道 Pipeline	安全阀类型 Safety Valve Type	弹簧式 Spring
安全阀型号 Safety Valve Model	GENERANT DN8	工作介质 Work Medium	液化天然气 LNG
工作压力 Work Pressure	2.15 MPa	执行标准 Excuted Standard	TSGZF001-2006《安全阀安全技术监察规程》
要求整定压力 Requested Calibrated Pressure	2.41 MPa	校验介质 Calibration Medium	氮气 N_2
校验方式 Calibration Method	校验台 Calibration Device	密封试验压力 Tightness Test Pressure	2.17 MPa
整定压力 Calibrated Pressure	2.41 MPa	校验结果 Calibration Conclusion	合格 Passed

维护检修情况说明(Maintenance&Repair Description):

无

No

校验日期 Clibration Date	2013年08月27日	下次校验日期 Due Date	2014年08月26日

校 验 Calibration by: 2013年08月27日	江苏省特种设备安全监督检验研究院 机构核准证号: TS7110213-2015 检验机构检验专用章(章) 日期: 2013年 08 月 27 日
审 核 Reviewed by: 2013年08月26日	
签 发 Approved by: 2013年08月27日	

江苏省特种设备安全监督检验研究院

Special Epuipment Safety Supervision Inspection Institute of JiangSu Province

地址 Address:常州市龙江中路51号 电话 Tel:0519-83907805 86502005 邮编 Post Code:213016

附件 5:压力表检测报告

常州市计量测试技术研究所

CHANGZHOU INSTITUTE OF MEASUREMENT & TESTING TECHNOLOGY

检 定 证 书

Verification Certificate

证书编号：　20132025597016　号

Certificate No.

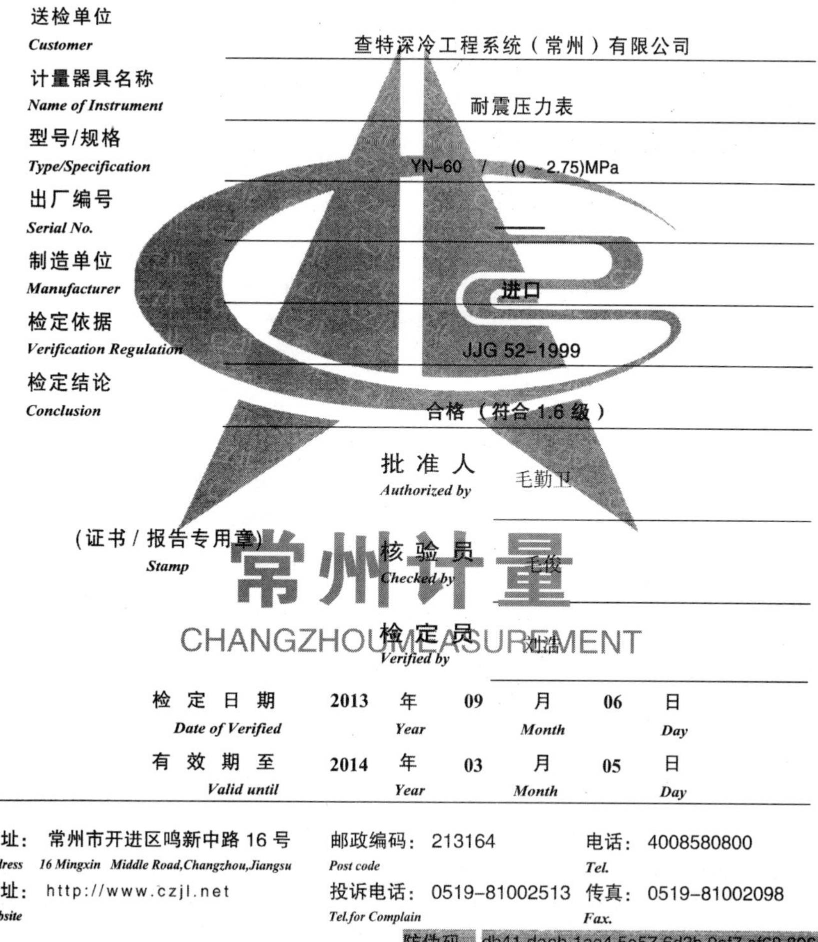

送检单位 *Customer*	查特深冷工程系统（常州）有限公司
计量器具名称 *Name of Instrument*	耐震压力表
型号/规格 *Type/Specification*	YN-60　/　(0～2.75)MPa
出厂编号 *Serial No.*	——
制造单位 *Manufacturer*	进口
检定依据 *Verification Regulation*	JJG 52-1999
检定结论 *Conclusion*	合格（符合 1.6 级）

批 准 人 *Authorized by*　毛勤卫

（证书/报告专用章）*Stamp*

核 验 员 *Checked by*　毛俊

检 定 员 *Verified by*　刘洁

常州计量 CHANGZHOU MEASUREMENT

检 定 日 期 *Date of Verified*　2013 年 *Year*　09 月 *Month*　06 日 *Day*

有 效 期 至 *Valid until*　2014 年 *Year*　03 月 *Month*　05 日 *Day*

地址：常州市开进区鸣新中路 16 号 *Address 16 Mingxin Middle Road,Changzhou,Jiangsu*　邮政编码：213164 *Post code*　电话：4008580800 *Tel.*

网址：http://www.czjl.net *Website*　投诉电话：0519-81002513 *Tel.for Complain*　传真：0519-81002098 *Fax.*

防伪码：db41 daeb 1aa4 5a57 6d3b 9ef7 ef68 896c

说　　　明
Directions

编号：第 20132025597016 号
No.

第 2 页共 3 页
Page of

本实验室是国家法定计量检定机构，计量授权证书号：（苏）法计（2008）1004号。
This laboratory is a national legal metrological verification institute.Authorization certificate: (苏) 法计 (2008) 1004号.

本实验室通过了中国合格评定国家认可委员会的认可，实验室认可证书号：No.CNAS L0288。
This laboratory has been assessed by China National Accreditation Service for Conformity Assessment (CNAS).Certificate of laboratory accreditation:No.CNAS L0288.

本实验室出具的数据均可溯源至国家和国际计量基准。
All data issued by this laboratory are traceable to national and international measurement standards.

本次检定的技术依据：
Reference documents for the Testing

JJG 52-1999　《弹簧管式一般压力表、压力真空表和真空表检定规程》

本次检定所使用的计量标准或主要计量器具：
Measurement standards or Major measuring instruments used in the Verification

名称 *Name*	测量范围 *Measuring range*	不确定度或准确度等级或最大允差 *Uncertainty of Accuracy Class or MPE*	证书号 *Certificate No.*	有效期至 *Due Date*
精密压力表标准装置	(-0.1-60)MPa	0.4级	[1988]市量标常法证字第001号	2017-08-21

检定地点、环境条件：
Place and environmental conditions of the Verifiation

地点：*Place* 被测仪器使用现场　温度：*Temperature* 21 ℃　相对湿度：*R.Humidity* / %　大气压：*Air pressure* / kPa

防伪码： db41 daeb 1aa4 5a57 6d3b 9ef7 ef68 896c

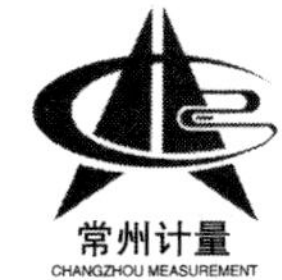

检 定 结 果

Results of Verification

编号：第 20132025597016 号
No.

第 3 页共 3 页
Page of

序号	检定项目	技术要求	检定结果
1	外观	/	符合要求
2	示值误差	≤满量程的 ±1.6%	合格
3	回程误差	≤满量程的 1.6%	合格
4	轻敲位移	≤满量程的 0.8%	合格

以　下　空　白

注：1.本检定结果只对所检定样品有效。
Note: The results are only responsible for the ltems verificated.
2.未经本实验室书面批准，不得部分复制本检定证书。
This certificate of verification shall not be reproduced except in full,without the written approval of the laboratory.
3.本证书未加盖证书/报告专用章无效。
This certificate will be invalid if it is issued without official stamp.

防伪码：db41 daeb 1aa4 5a57 6d3b 9ef7 ef68 896c

第六章　LNG 发动机常见故障及案例分析

第一节　LNG 发动机常见故障

一、LNG 发动机故障码

（一）LNG 发动机故障码读取方法

（1）使用专用诊断计算机读取。当 LNG 发动机电控系统出现故障时，可通过专用诊断计算机进行检查，将仪器与诊断接头相连，读出故障码及故障原因。当显示与某元件有关的故障码时，应进行该元件的基本检测，若不能排除故障，则按故障码的诊断流程进行相关数据的进一步检测。

在使用专用诊断计算机检测时注意事项：测试时，应保证专用诊断计算机与诊断座之间的连接良好，以免信号中断影响测试。测试结束时，应先关闭专用诊断计算机，再握住插头小心拔出，绝不可直接拉扯电源线。

（2）在没有诊断工具（诊断计算机）时，也可临时采用无工具诊断方式进行诊断（人工读码）。以潍柴 LNG 发动机为例，介绍人工读码方法。

①踩加速踏板故障灯闪烁读取故障码。当钥匙在 ON 挡，但是没有起动的情况下，20s 内连续 3 次将加速踏板从怠速状态踩到最底就会触发 ECU-HD 闪烁显示出所有的故障码。如果加速踏板电路故障，那么这种方法可能就会失效。

②踩加速踏板清除故障码。当钥匙在 ON 挡，在 20s 内连续踩 8 次加速踏板后清除所有故障码。踩加速踏板 3 次后，故障灯将闪烁显示所有故障码信息，但是踩 8 次后故障灯就会不再闪烁显示，表明已经清除所有故障码。如果加速踏板电路故障，那么这种方法可能就会失效。

（二）潍柴 LNG 发动机常见故障码描述

潍柴 LNG 发动机常见故障码描述见表 6-1。

（三）玉柴 LNG 发动机常见故障码描述

1. 玉柴 ESI 系统气体机故障码描述（以故障零部件为序）

玉柴 ESI 系统气体机故障码描述见表 6-2。

潍柴 LNG 发动机常见故障码描述　　表 6-1

序号	故障码	故障码描述
1	133	氧传感器(UEGO)内加热线圈供电电压过低
2	134	氧传感器(UEGO)内加热线圈供电电压过低
3	139	氧传感器(UEGO)大气标定学习超出限值
4	141	天然气温度传感器(NGT)电压过高
5	142	天然气温度传感器(NGT)变动率故障 - 轻度限转矩
6	143	天然气温度传感器(NGT)变动率故障 - 中度限转矩
7	144	天然气温度传感器(NGT)变动率故障 - 严重限转矩
8	151	天然气温度传感器(NGT)电压过低
9	161	XDRP_A (+5V)电压高
10	162	XDRP_A (+5V)电压低
11	163	XDRP_B (+5V)电压高
12	164	XDRP_B (+5V)电压低
13	165	ECU 供电电压(+14V)高
14	166	ECU 供电电压(+14V)低
15	181	大气压力传感器电压低
16	182	大气压力传感器电压高
17	191	机油压力传感器电压低
18	192	机油压力传感器电压高
19	193	机油温度传感器电压低
20	194	机油温度传感器电压高
21	195	排温传感器(ETS)电压低
22	196	排温传感器(ETS)电压高
23	197	排温高于期望值
24	201	驾驶员转矩需求过高
25	202	TSC1 转矩需求过高
26	211	加速踏板位置传感器(FPP)电压高
27	221	制动踏板位置传感器电压低
28	231	进气温度传感器(MAT)电压高
29	241	进气温度传感器(MAT)测量温度超过设定值
30	242	进气温度传感器(MAT)测量温度低于设定值
31	251	进气温度传感器(MAT)电压高

续上表

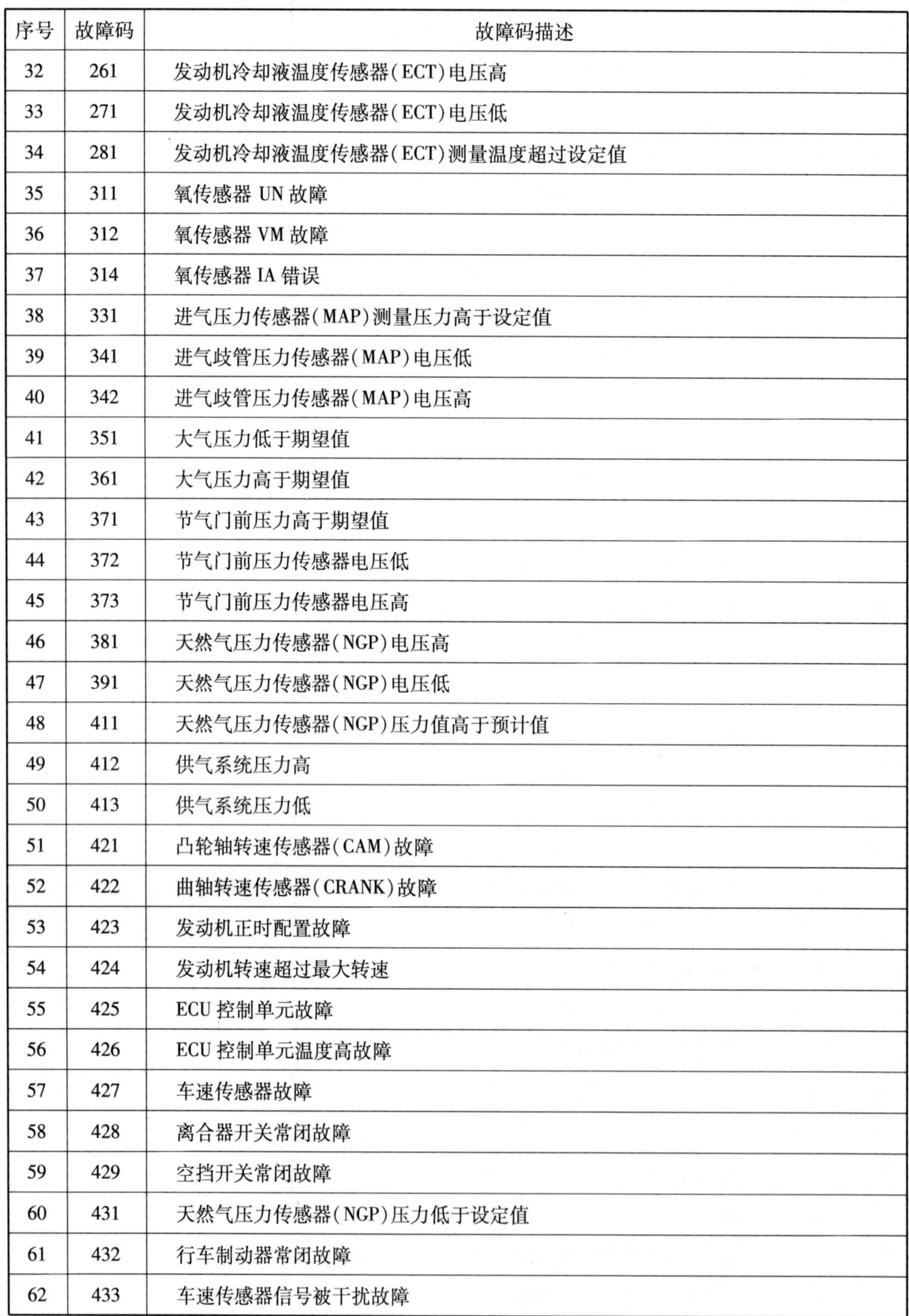

序号	故障码	故障码描述
32	261	发动机冷却液温度传感器(ECT)电压高
33	271	发动机冷却液温度传感器(ECT)电压低
34	281	发动机冷却液温度传感器(ECT)测量温度超过设定值
35	311	氧传感器 UN 故障
36	312	氧传感器 VM 故障
37	314	氧传感器 IA 错误
38	331	进气压力传感器(MAP)测量压力高于设定值
39	341	进气歧管压力传感器(MAP)电压低
40	342	进气歧管压力传感器(MAP)电压高
41	351	大气压力低于期望值
42	361	大气压力高于期望值
43	371	节气门前压力高于期望值
44	372	节气门前压力传感器电压低
45	373	节气门前压力传感器电压高
46	381	天然气压力传感器(NGP)电压高
47	391	天然气压力传感器(NGP)电压低
48	411	天然气压力传感器(NGP)压力值高于预计值
49	412	供气系统压力高
50	413	供气系统压力低
51	421	凸轮轴转速传感器(CAM)故障
52	422	曲轴转速传感器(CRANK)故障
53	423	发动机正时配置故障
54	424	发动机转速超过最大转速
55	425	ECU 控制单元故障
56	426	ECU 控制单元温度高故障
57	427	车速传感器故障
58	428	离合器开关常闭故障
59	429	空挡开关常闭故障
60	431	天然气压力传感器(NGP)压力低于设定值
61	432	行车制动器常闭故障
62	433	车速传感器信号被干扰故障

续上表

序号	故障码	故障码描述
63	441	闭环修正高于限值
64	451	闭环修正低于限值
65	461	自适应学习修正高于限值
66	471	自适应学习修正低于限值
67	491	节气门前增压压力(PTP)低于设定值
68	521	蓄电池电压低
69	531	蓄电池电压高
70	541	节气门位置传感器(TPS)电压高
71	551	RAM 存储容量不足
72	553	电控单元的 CPU 负载太高
73	554	Flash 存储容量不足
74	555	EEPROM 存储容量不足
75	556	标定用存储器容量不足
76	557	主 EEPROM 存储器故障
77	558	备用 EEPROM 存储器故障
78	561	电子节气门位置传感器(TPS)电压低
79	571	电子节气门位置(TPS)高于设定值
80	611	相对湿度传感器(RH)电压高
81	612	相对湿度传感器(RH)电压低故障
82	613	相对湿度温度传感器(RHT)电压高故障
83	614	相对湿度温度传感器(RHT)电压低
84	615	相对湿度温度传感器(RHT)活性不足
85	691	废气控制阀(WGCV)开路或短路
86	693	驱动电源电压值低于期望值
87	711	增压压力高于期望值
88	721	增压压力低于期望值
89	731	过增压
90	741	机油压力低
91	751	喷射阀占空比过高
92	781	怠速确认开关(IVS)电压高
93	791	怠速确认开关(IVS)电压低

续上表

序号	故障码	故障码描述
94	811	节气门(TPS)电压低
95	845	CAN 转速表数据无效
96	846	EBC2 信息超时
97	847	EBC2 轮速数据无效
98	911-916	EDM-HD 点火线圈开路故障
99	921-926	EDM-HD 点火线圈开路故障
100	951-958	喷射阀开路或对搭铁短路故障
101	961-968	喷射阀对电压短路故障

玉柴 ESI 系统气体机故障码描述 表 6-2

序号	故障码	故障码描述
1	P0122	节气门位置传感器 1 电压超低限
2	P0123	节气门位置传感器 1 电压超高限
3	P2135	节气门开度不合理
4	P2299	节气门卡滞
5	P0222	节气门位置传感器 2 电压超低限
6	P0223	节气门位置传感器 2 电压超高限
7	P2136	两路节气门传感器信号关联故障
8	P2122	节气门位置传感器 1 电压超低限
9	P2123	节气门位置传感器 1 电压超高限
10	P2127	节气门位置传感器 2 电压超低限
11	P2128	节气门位置传感器 2 电压超高限
12	P2139	两路节气门位置传感器电压同时超限
13	P2138	两路节气门位置传感器信号关联故障
14	P2111	节气门卡滞,无法关小
15	P2112	节气门卡滞,无法开大
16	P0107	进气歧管压力传感器电压超低限
17	P0108	进气歧管压力传感器电压超高限
18	P2073	进气歧管压力与节气门开度不合理
19	P023D	进气歧管压力与增压压力不合理
20	P0237	增压压力传感器电压超低限
21	P0238	增压压力传感器电压超高限

续上表

序号	故障码	故障码描述
22	P0299	增压压力控制超调——偏低
23	P0234	增压压力控制超调——偏高
24	P0192	燃气压力传感器电压超低限
25	P0193	燃气压力传感器电压超高限
26	P0087	燃气压力偏低
27	P0088	燃气压力偏高
28	P2228	大气压力传感器电压超低限
29	P2229	大气压力传感器电压超高限
30	P0117	冷却液温度传感器电压超低限
31	P0118	冷却液温度传感器电压超高限
32	P1116	冷却液温度不合理
33	P0116	冷却液温度高于一级限值
34	P0217	冷却液温度高于二级限值
35	P0112	进气温度传感器电压超低限
36	P0113	进气温度传感器电压超高限
37	P0111	进气温度高于一级限值
38	P0127	进气温度高于二级限值
39	P0182	燃气温度传感器电压超低限
40	P0183	燃气温度传感器电压超高限
41	P0181	燃气温度偏低
42	P0168	燃气温度偏高
43	P0668	ECU 内部温度传感器电压超低限
44	P0669	ECU 内部温度传感器电压超高限
45	P0667	ECU 内部温度偏高
46	P1131	宽域氧传感器供电电压偏低
47	P0134	宽域氧传感器加热器开路
48	P0131	宽域氧传感器加热器对搭铁短路
49	P0132	宽域氧传感器加热器对电源短路
50	P2626	宽域氧传感器信号线开路
51	P2627	宽域氧传感器信号线对搭铁短路
52	P2628	宽域氧传感器信号线对电源短路

续上表

序号	故障码	故障码描述
53	P0130	宽域氧传感器控制芯片故障
54	P2416	宽域氧传感器 SPI 通信故障
55	P0143	宽域氧传感器信号电压超高限
56	P0144	宽域氧传感器信号电压超低限
57	P0133	宽域氧传感器加热高电压持续时间过长
58	P1131	宽域氧传感器供电电压偏低
59	P0134	宽域氧传感器加热器开路
60	P0642	传感器 5V 参考电压 A 超低限
61	P0643	传感器 5V 参考电压 A 超高限
62	P0652	传感器 5V 参考电压 B 超低限
63	P0653	传感器 5V 参考电压 B 超高限
64	P0562	蓄电池电压超低限
65	P0563	蓄电池电压超高限
66	P0016	凸轮轴/曲轴信号同步错误
67	P0340	凸轮轴信号自校验错误
68	P0341	凸轮轴信号缺失
69	P0344	凸轮轴信号 EMC 干扰
70	P0335	曲轴信号自校验错误
71	P0336	曲轴信号缺失
72	P0339	曲轴信号 EMC 干扰
73	P1072	湿度传感器电压超低限
74	P1073	湿度传感器电压超高限
75	P1071	湿度不合理
76	P0072	大气温度传感器电压超低限
77	P0073	大气温度传感器电压超高限
78	P0071	大气温度不合理
79	P0502	车速不合理——偏低
80	P0501	车速不合理——偏高
81	P0503	车速信号电压超高限
82	P0500	车速信号电压超低限
83	P0261	1 号喷嘴开路

续上表

序号	故障码	故障码描述
84	P0264	2 号喷嘴开路
85	P0267	3 号喷嘴开路
86	P0270	4 号喷嘴开路
87	P0273	5 号喷嘴开路
88	P0276	6 号喷嘴开路
89	P0263	喷嘴高端对搭铁短路
90	P0264	喷嘴高端对电源短路
91	P0093	喷嘴堵塞
92	P0094	燃气泄漏
93	P1300	点火供电电源对搭铁短路
94	P2300	1 号点火线圈开路
95	P2303	2 号点火线圈开路
96	P2306	3 号点火线圈开路
97	P2309	4 号点火线圈开路
98	P2312	5 号点火线圈开路
99	P2315	6 号点火线圈开路
100	P2301	1 号点火线圈过电流
101	P2304	2 号点火线圈过电流
102	P2307	3 号点火线圈过电流
103	P2310	4 号点火线圈过电流
104	P2313	5 号点火线圈过电流
105	P2316	6 号点火线圈过电流
106	P0033	废气旁通控制阀开路
107	P0034	废气旁通控制阀对搭铁短路
108	P0035	废气旁通控制阀对电源短路
109	P0005	低压阀开路
110	P0006	低压阀对搭铁短路
111	P0007	低压阀对电源短路
112	P1153	空燃比闭环修正偏高
113	P1154	空燃比闭环修正偏低
114	P1163	空燃比自适应修正偏高

续上表

序号	故障码	故障码描述
115	P1164	空燃比自适应修正偏低
116	P0571	制动开关故障
117	P0504	制动开关2(与1相关性)故障
118	P0585	巡航开关组连锁故障
119	P0578	巡航开关组卡滞故障
120	P154A	多态开关电压超低限
121	P154B	多态开关电压超高限
122	P1650	故障指示灯开路
123	P1651	故障指示灯低端对搭铁短路
124	P1652	故障指示灯低端对电源短路
125	P0650	MIL灯开路
126	P1661	MIL灯低端对搭铁短路
127	P1662	MIL灯低端对电源短路
128	P0475	排气制动控制开路
129	P0477	排气制动控制低端对搭铁短路
130	P0478	排气制动控制低端对电源短路
131	P1475	缸内制动控制开路
132	P1477	缸内制动控制低端对搭铁短路
133	P1478	缸内制动控制低端对电源短路
134	P0645	空调压缩机控制开路
135	P0646	空调压缩机控制低端对搭铁短路
136	P0647	空调压缩机控制低端对电源短路
137	P0480	高速风扇控制开路
138	P0691	高速风扇控制低端对搭铁短路
139	P0692	高速风扇控制低端对电源短路
140	P0481	低速风扇控制开路
141	P0693	低速风扇控制低端对搭铁短路
142	P0694	低速风扇控制低端对电源短路
143	P0654	发动机转速 PWM 输出开路
144	P1673	发动机转速 PWM 输出低端对搭铁短路
145	P1674	发动机转速 PWM 输出低端对电源短路

续上表

序号	故障码	故障码描述
146	PC100	发动机和 DCU 通信故障
147	PD115	发动机和远程诊断通信故障
148	PC157	发动机和 CAN 仪表通信故障
149	PC101	发动机和 TSC1 通信故障
150	P0522	机油压力传感器电压超低限
151	P0523	机油压力传感器电压超高限
152	P0524	机油压力偏低
153	P0197	机油温度传感器电压超低限
154	P0198	机油温度传感器电压超高限
155	P0195	机油温度不合理
156	P0196	机油温度偏高
157	P0615	起动机控制开路
158	P0616	起动机控制低端对搭铁短路
159	P0617	起动机控制低端对电源短路
160	P2454	排气背压电压超低限
161	P2455	排气背压电压超高限
162	P1454	催化器拆除
163	P1453	催化器堵塞

2. 玉柴 ECI 系统气体机故障码描述（以故障零部件为序）

玉柴 ECI 系统气体机故障码描述见表 6-3。

玉柴 ECI 系统气体机故障码描述　　表 6-3

序号	故障码	故障码描述
1	108	MAP 压力过高
2	107	MAP 压力传感器线路断开或对搭铁短路
3	238	TIP 压力传感器线路故障——电源短路
4	237	TIP 压力传感器线路故障——对搭铁短路
5	183	燃料温度传感器对电源短路或燃料温度高
6	182	燃料温度传感器对搭铁短路或燃料温度低
7	1131	废气旁通阀线路故障——对电源短路
8	1132	废气旁通阀线路故障—对搭铁短路
9	234	增压压力过高

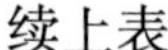

续上表

序号	故障码	故障码描述
10	299	增压压力过低
11	118	冷却液温度传感器对电源短路
12	117	冷却液温度传感器对搭铁短路
13	116	冷却液温度高于一级限值故障
14	217	冷却液温度高于二级限值故障
15	1521	冷却液温度高于一级限值故障
16	1522	冷却液温度高于二级限值故障
17	113	进气温度传感器对电源短路
18	112	进气温度传感器对搭铁短路
19	111	进气温度高于一级限值故障
20	127	进气温度高于二级限值故障
21	563	蓄电池电压过高
22	562	蓄电池电压过低
23	643	1 号 5V 参考电压过高
24	642	1 号 5V 参考电压过低
25	653	2 号 5V 参考电压过高
26	652	2 号 5V 参考电压过低
27	1611	两路参考电压同时故障
28	123	电子节气门第一路对电源短路
29	122	电子节气门第一路对搭铁短路
30	223	电子节气门第二路对电源短路
31	222	电子节气门第二路对搭铁短路
32	221	电子节气门第一路高于第二路信号过大
33	121	电子节气门第一路低于第二路信号过大
34	2112	电子节气门电压目标与实际偏差过大
35	2111	
36	2135	电子节气门第一路和第二路同时故障
37	2122	节气门第一路对电源短路
38	2123	节气门第一路对搭铁短路
39	2128	节气门第二路对电源短路
40	2127	节气门第二路对搭铁短路

续上表

序号	故障码	故障码描述
41	2115	怠速开关搭铁时节气门一路超上限
42	2139	怠速开关不搭铁时节气门一路超下限
43	2116	怠速开关搭铁时节气门二路超上限
44	2140	怠速开关不搭铁时节气门二路超下限
45	2126	第一路高于第二路
46	2121	第一路低于第二路
47	2130	IVS 卡滞在怠速位置,第一路和第二路不匹配
48	2131	IVS 卡滞在非怠速位置,第一路和第二路不匹配
49	1121	节气门第一路和第二路同时线路故障
50	2120	FPP1 线路故障,FPP2 与 IVS 不匹配
51	2125	FPP2 线路故障,FPP1 同 IVS 不匹配
52	1122	FPP1 和 FPP2 不匹配,同时 IVS 信号丢失
53	1515	旁通控制阀压力传感器对电源短路
54	1516	旁通控制阀压力传感器对搭铁短路
55	1511	EPR 天然气温度传感器对电源短路
56	1512	EPR 天然气温度传感器对搭铁短路
57	1513	高压减压器天然气温度传感器对电源短路
58	1514	高压减压器天然气温度传感器对搭铁短路
59	219	发动机转速超速
60	1111	发动机转速高于燃料限制转速
61	1112	发动机转速高于点火限制转速
62	1161	LPG 正自适应修正超限
63	1162	LPG 负自适应修正超限
64	1163	NG 正自适应修正超限
65	1164	NG 负自适应修正超限
66	1151	LPG 正闭环修超限
67	1152	LPG 负闭环修正超限
68	1153	NG 正闭环修正超限
69	1154	NG 负闭环修正超限
70	134	EGO 传感器开路故障
71	160	UEGO 内部处理器故障

续上表

序号	故障码	故障码描述
72	686	电源继电器控制线路对搭铁短路
73	685	电源继电器线圈开路
74	687	电源继电器控制线路对电源短路
75	1644	MIL 控制线路对搭铁短路
76	650	MIL 线路开路故障
77	1645	MIL 控制线路与电源短路
78	1171	电控调压器出口压力比预期高
79	1172	电控调压器出口压力比预期低
80	1173	电控调压器通信丢失
81	1174	电控调压器电源电压过高
82	1175	电控调压器电源电压过低
83	1176	电控调压器驱动模块故障
84	1177	电控调压器内部线路故障
85	1178	电控调压器通信故障
86	1183	电控调压器自关闭故障
87	342	凸轮轴输入信号丢失
88	337	曲轴输入信号丢失
89	341	凸轮轴信号干扰导致重新同步
90	336	曲轴信号干扰导致重新同步
91	16	曲轴和凸轮轴信号启动过程不同步
92	1626	CAN 通信报文发送失败
93	1627	CAN 通信报文接收故障
94	1628	CAN 设备源地址冲突

二、LNG 发动机常见故障

(一)LNG 发动机故障诊断与排除原则

LNG 发动机出现故障时,采用先易后难逐一排除法。在未弄清楚故障问题前,不要轻易更换任何零部件。同时注意记录故障码,在未排除故障前,不要轻易清除故障码。

(二)LNG 发动机常见故障分类及一般检修排故步骤

1. 第一类故障:发动机无法起动

第一步:根据故障灯读取故障码,确定故障点,若无法确定转下一步。

第二步:检查挡位是否处于空挡位置、空挡开关是否正常;检查副熄火开关是否正常,若还无法起动转下一步。

第三步:检查整车起动线路及蓄电池是否正常,若还无法起动转下一步。

第四步:判断起动机工作是否正常,若还无法起动转下一步。

第五步:检查点火系统是否正常,若还无法起动转下一步。

第六步:检查气瓶压力是否正常,检查天然气压力是否正常,并进一步检查燃料计量阀出气接口是否出气。

第七步:拆开信号发生器盖,检查点火正时是否正常。

第八部:测试节气门是否工作正常。

第九步:检查发动机本体部分,如气门间隙等。

第十步:若是主机厂内调试,考虑气瓶内的气质成分:若发动机运行时间较长,检查氧传感器接插件是否短路,空气气路是否堵塞严重,混合器小孔是否堵塞等。

2. 第二类故障:发动机起动困难

第一步:检查起动机是否正常及蓄电池电量是否充足,若不能顺利起动转下一步。

第二步:读取故障码,确定故障点,若无则转下一步。

第三步:检查点火系统是否正常,若不能顺利起动转下一步。

第四步:检查燃气供给系统是否正常,若不能顺利起动转下一步。

第五步:检查凸轮轴转速传感器及插头是否损坏、牢固、清洁,点火正时是否正确。

3. 第三类故障:发动机自动熄火

第一步:用检测软件进行故障诊断,排除现有电器故障。

第二步:检查气瓶压力,检查整车工作过程中天然气压力变化是否正常。

第三步:检查火花塞高压线,用监测软件对点火系统进行故障诊断。

第四步:检查空气进气管路和增压器,检查进气管温度、压力是否正常。

第五步:检查整车供电是否正常。

4. 第四类故障:发动机动力不足

第一步:用检测软件进行故障诊断,排除现有故障。

第二步:检查气瓶压力,检查整车工作过程中天然气压力变化是否正常。

第三步:检查火花塞高压线,用监测软件对点火系统进行故障诊断。

第四步:检查空气进气管路和增压器,检查进气管温度、压力是否正常。

5. 第五类故障:发动机怠速不稳

第一步:用检测软件进行故障诊断,排除现有故障。

第二步:检查气瓶压力,检查整车工作过程中天然气压力变化是否正常。

第三步:检查火花塞高压线,用监测软件对点火系统进行故障诊断。

第四步:检查空气进气管路和增压器,检查进气管温度、压力是否正常。

第五步:使用监测软件对电子节气门进行故障诊断。

第六步:检查气门间隙、点火提前角。

6. 第六类故障:发动机放炮

第一步:检查火花塞,用监测软件对点火系统进行故障诊断。

第二步:用监测软件进行故障诊断,检测燃气压力。

第三步:检查点火提前角,检查相位传感器间隙。

第四步:清洗混合器芯。

7. 第七类故障:发动机气耗高

发动机气耗高有很多方面的影响因素,如驾驶员的操作习惯、整车的匹配、发动机是否存在故障、发动机的软件标定等。在日常处理发动机气耗高的问题时,首先判定发动机是否存在动力不足等其他故障现象,若有先排除其他故障。

8. 第八类故障:发动机反水

发动机反水多是由于发动机水路连接错误或管路有堵塞,回水阻力大造成的,对回水进行合理的分流设置是解决问题的关键。

(三)LNG发动机常用部件损坏的故障现象

1. LNG燃料计量阀故障

故障现象:发动机动力不足,起动困难,无法起动,怠速不稳。

2. LNG电控单元板(ECU)故障

故障现象:发动机无法起动,自动熄火,怠速不稳。

3. LNG电子节气门故障

故障现象:发动机无法起动,加速踏板稳定时,转速波动大。

4. LNG稳压器故障

故障现象:发动机无法起动,动力不足。

5. LNG发动机爆震的主要原因

(1)发动机油消耗量过大,积炭过多;

(2)发动机混合气过浓燃烧(燃料过浓);

(3)发动机进气温度过高(中冷器油污、脏);

(4)增压不能控制或过高;

(5)点火正时不准;

(6)燃料品质差(低辛烷值)。

第二节　故障排除案例分析

案例1　发动机偶尔动力不足并伴有放炮的故障

故障现象:一辆宇通ZK6122的LNG客车,配置潍柴LNG发动机,新车使用一年后,驾驶员反映在行驶中感觉发动机有时加速无力,偶尔伴有放炮声。

分析排故:检查该车发动机外观及底盘状况正常,起动发动机,连接检测诊断计算机,读取故障码为752一个故障码,对照维修资料该代码表明是喷射阀占空比过高,引起此故障码的原因可能是燃气压力低、燃气品质差和点火性能不良等。检查该车天然气供气压力达0.90MPa(要求大于0.70MPa),符合技术要求。LNG充装都在内部加注站充装,其他天然气车都没反应燃气有品质问题,天然气品质应该正常;再检查天然气滤芯无异常,因而基本判定影响发动机加速无力,偶尔放炮是点火系统的原因。检查了高压线无异常发现,拆下6只火花塞逐一检测电极间隙(图6-1),测得6个火花塞工作情况良好,间隙为0.33~0.37mm,符合(0.35±0.05)mm的技术要求,最后检查ECU接插口及线束都正常。因该车已行驶了30多万km,客车厂家技术人员建议调换高压线(推荐高压线更换周期为20万km),更换了高压分缸线后试车一切正常,发动机运转加减速良好,故障现象排除。

图6-1　火花塞电极间隙检查

案例2　增压调压阀不良导致发动机动力不足的故障

故障现象:某通杭公司一辆青年牌LNG客车,驾驶员反映该车从青年客车厂接车回来就感觉动力明显较差,总以为是新车走合期原因,该车运营第四天的行车途中动力下降,有时途中熄火,气瓶压力表一直没有达到0.7MPa。回场加液后,气瓶压力表指示为0.6MPa,过了半小时,观察气压表仍然没有升高压力。

分析排故:该车行车中没有使用自增压系统,为此,首先检查自增压系统。打开自增压系统增压气相阀与增压出液阀,增压系统出液管路周围出现少量结霜现象,但气压上升不明显,怀疑是自增压系统管路有堵塞现象,然后打开气瓶排放阀降至0.4MPa,释放一部分气瓶内的气体来促使增压系统疏通。但是过了1h,气压上升还是不明显。根据增压原理,于是调整增压调压阀,先转动一圈,等待10多min,气压上升很少,然后再转动一圈,气压慢慢上升,气瓶压力表上升到0.8MPa,达到正常使用要求,发动机提速良好,路试检验,动力性能大大提升,符合客车正常行驶技术条件,故障现象完全排除。

该车故障说明出厂检验时没有调整检验增压调压阀的工作性能。告诫用户在进行 LNG 客车新车交接时必须全面检查供气系统的工作性能和技术要求,以减少返工返修,影响正常运营。

案例 3　LNG 燃料用完了客车在路上抛锚的应急处理

故障现象:某客运公司一辆 LNG 天然气客车在去车辆检测站定期检验后的回途路中抛锚,驾驶员反映发动机起动系统正常,但发动机不能运转,检查 LNG 的液位计和气瓶压力表说明是燃料用完了,需要施救。

分析排故:故障原因很简单,但是现场施救很困难。对于汽油或柴油车如果没有燃油了,只要到加油站临时购买 10L、20L 补充就可解决的问题。当时正经历了台风的洗劫,大型拖车忙于台风后的施救工作,怎么办? 在查特公司培训时就有对此抛锚应急处理办法,采取倒液的办法,把另一辆车气瓶内的 LNG 倒充过来解决燃眉之急。于是找来同型号并有充足燃料的一辆客车,配备了一根 5m 多长的加液管前往现场施救。

查看抛锚客车的周围环境,幸亏是夜深人静,车辆稀少,施救车辆停妥后,首先设置好周围的隔离、警示措施,关闭发动机。

然后将加液管的两端分别接在施救车和抛锚车的排气截止阀出口(或者是将加液管的两端分别接在抛锚车排气截止阀和施救车的自增压出液阀出口处),接好加液管后先打开抛锚车辆接口的排气截止阀,再打开施救车气瓶的排气截止阀(或出液截止阀),使天然气从施救车气瓶向抛锚车辆气瓶充液,视施救距离倒充足量的天然气即可。停止倒液需要复位时,必须先关闭施救车气瓶的排气截止阀(或出液截止阀),再关闭抛锚车辆气瓶的排气截止阀。当然,倒液时要注意观察两端接头处是否渗漏,同时还要防止操作者冻伤,因此操作人员必须穿戴好相应的防护用具。

驾驶员每天的日常维护时必须检查 LNG 液位计及压力表的指示,做好 LNG 燃料的充装量及车辆的维修情况记录和交接班手续,杜绝行驶途中发生短缺燃料的低级错误。如在高速公路上运行中突发因缺少燃料而抛锚的故障,直接危及行车安全。如果是供气系统维修中需要排空 LNG 的,车辆修竣后要告之驾驶员及时充装 LNG,以免漏充 LNG 而发生抛锚。

案例 4　发动机排气波纹管破裂导致动力下降的故障

故障现象:某客运公司一辆青年 LNG 客车(杭州—安吉班线),驾驶员在行驶中突然感觉动力下降,因在高速公路上行驶,到站还有约 10km,驾驶员就勉强行驶到了汽车站。

分析排故:到达车站下客后,驾驶员把车开到修理厂,报修发动机动力下降。走近客车后部,修理工先是闻到一股橡胶或塑料类的烧焦味,打开发动机罩检查,发现一只发动机舱内的灭火弹已启爆,排气管侧的电器线束表皮已熔化损坏,发动机排气波纹管破裂。原来正是发动机排气波纹管破裂,大量废气从裂口处冲出,高温的废气冲袭电气线束导致线束表皮熔化损坏,促使灭火弹启爆(启爆温度为 170℃)。排气波纹管破裂后,废气外漏,使氧传感器收集到的废气中氧气含量失准(氧传感器安装在波纹管后面),ECU 根据氧传感器信号判断混合气太浓,为此减少供气量,使发动机动力下降。该车型的排气隔热、冷却降温及线束隔热处理设计上不合理。为此对设计缺陷进行了整改。

事后全面排查所有的 LNG 客车,其中有部分客车因设计不合理,氧传感器信号线或其他线束的布置中没有做好高温防范措施,存在一定的安全隐患,对此逐辆进行整改,解决后顾之忧,消除安全隐患。

案例 5　增压空气进气管漏气引起发动机加速无力的故障

故障现象:一辆青年 LNG 新车,配置潍柴 LNG 发动机,行驶 3 个月时驾驶员报修近几天发动机动力明显下降,加速反应慢,发动机故障灯亮。

分析排故:驾驶员反映发动机故障灯亮,因此先用专用电脑检测,读取故障码是 721。解读 721 故障码是增压压力低于期望值,也就是空气进气压力低。检查空气进气系统,发现涡轮增压器的出气口与弯管接口连接抱箍松旷造成漏气。拆下弯管,两端接口处都有不同程度磨损,涡轮增压器外壳(出气口)和弯管都是铝质材料,维修加工困难,更换涡轮增压器价格昂贵,经技术人员研究协商采用把两者焊接为一体,变为刚性连接体,装车后使用效果良好。

之后检查同车型的其他四辆青年客车的连接部位抱箍也存在松旷现象,因此逐辆进行了焊接修复。检查宇通 LNG 客车没有发生类似事件,分析其原因是:宇通客车的发动机空气进气管(一端与弯管连接)是直接固定在发动机机体上。而青年客车的发动机空气进气管是固定在客车车身上,客车在行驶中发动机与车身为两个振动源,所以容易发生松动开裂现象。找到了问题的根源,就可以对症下药彻底解决这一故障。

案例 6　LNG 泄漏报警器常响的故障

故障现象:一辆杭州—绍兴的客运班车,为宇通 LNG 客车,使用半年后驾驶员报修 LNG 报警蜂鸣器常响和报警灯点亮,但发动机运转正常。

分析排故:LNG 客车报警蜂鸣器常响说明有天然气泄漏现象,它的工作原理是当天然气泄漏,甲烷浓度达到 25×10^{-6} 时报警蜂鸣器就发出声音报警和报警灯点亮。

首先检查传感器、线束、控制面板及供气管路连接良好，再在供气系统相关部位喷洒肥皂液检查，无泄漏现象；又用甲烷检测仪检测无报警。没有天然气泄漏现象，一时找不到故障点，为了保持班线客车运行，修理工就将发生报警器的线束先拆下，让其运行。

为了提高 LNG 客车供气系统的安全性，专门安装了一套天然气泄漏报警系统，该系统由报警传感器和控制面板组成(图 6-2)，分别在气瓶口、加液口、稳压罐和发动机舱四个位置上安装了报警传感器，控制面板(安装在驾驶室内)上有 4 个报警指示灯，指示灯显示绿色是正常，显示红色为不正常，红色为报警色。

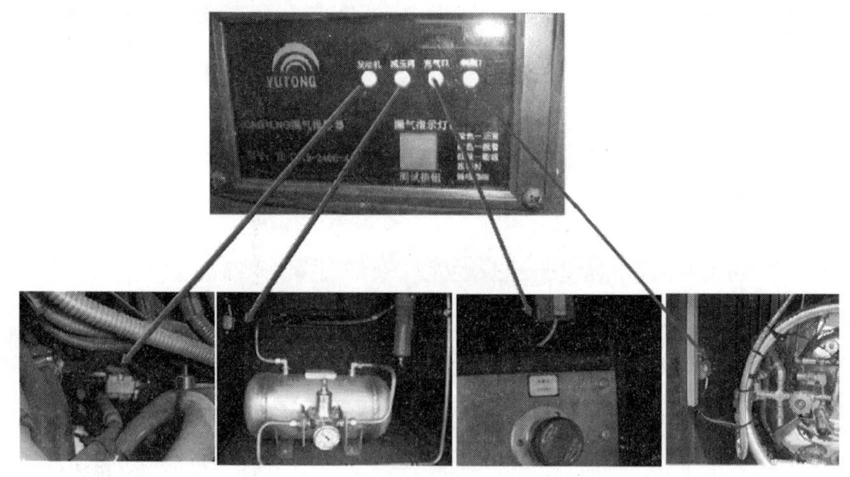

图 6-2　宇通客车漏气报警器位置图

该车控制面板一只灯显示为红色，对应的是气瓶口的传感器，用万用表测量传感器工作电压有 5V 的电源信号，线束是正常的。拆下控制面板，找到所报警灯点亮的一根信号线束，发现与气瓶口传感器的信号线不对号，也就是说报警灯亮的不是气瓶口的传感器，顺藤摸瓜，经检查是加液口的传感器损坏所导致，更换损坏的传感器，并对接线对号入座，故障彻底排除。

这是由于客车生产厂家接错了报警器的信号线，误导了故障点。客车是劳动密集型的产品，目前我国的客车配置又五花八门，所以在维修客车时，修理工必须掌握其原理，综合分析排查故障原因。

案例 7　LNG 客车发动机冷却液温度高的故障

故障现象：一批杭州—天台班线的宇通 LNG 客车，夏季时驾驶员都反映发动机冷却液温度高，在浙江上三线高速公路新昌路段(35km 的上坡路段，公安交警部门设定的大客车限速是 60km/h，道路条件可想而知。)行驶时，冷却液温度接近 100℃，动力下降,燃料单耗上升。2013 年夏天浙江省经历着 50 年不遇的持续高温,40℃以上的高温天气达 8 天,35℃以上有 20 天,客车发动机耐高温的技术性能都经历高温严峻的考验。

分析排故:首先检查发动机冷却液充足,散热器和中冷器清洁,冷却系统工作正常。检查节温器正常,节温器开启温度为 76℃,达到 82℃节温器完全打开。多次对比测量 LNG 客车发动机舱与柴油发动机舱的温度相差 6 ~ 9℃,都是 LNG 发动机客车的要高一些。修理工先是将电子风扇锁死,使其处于常工作状态,第二天驾驶员反映冷却液温度下降了,在正常使用范围。查阅维修资料,这批宇通 LNG 客车发动机的冷却风扇是三速挡的电子风扇,分别是 0、一挡和二挡,电子风扇一挡起动温度是 85℃,二挡起动温度是 93℃,通常情况下客车生产厂在车辆出厂时根据客户运行条件会选接其中的一个挡位,如是高温地区使用的就接电子风扇 93℃的起动温度,一般地区使用的则接在电子风扇一挡 85℃起动温度的挡位。针对持续高温,为此将 LNG 客车冷却风扇起动温度全部改为 85℃,之后的使用中反映正常。

案例 8　充装 LNG 液后出现发动机动力不足的故障

故障现象:一辆不带自增压系统的安凯 HFF6110K06C 型 LNG 客车,在充装 LNG 燃料之后,从车站出发在市区低速行驶时发动机正常,但上了高速公路高速行驶时,突然发生加速无力、途中自动熄火,等待 5min 后,又能起动行驶的故障。

分析排故:因该地加液车辆多,充装站储罐内的 LNG 液体更新快,液化气刚从运送的槽罐车上卸到充装站储罐内,储罐内的压力约为 0. 3MPa,LNG 的液温约为 -145℃,此时如果没有增压过程,充装站直接将储罐内的 LNG 加注到车用气瓶上(用电动泵机输送),气瓶内的压力会偏低,达不到正常运行 0. 7MPa 的压力要求。由于该车配置的气瓶不带自增压装置,在液体得不到充分汽化时,又没有自增压功能,气瓶压力低,导致车辆出现上述故障现象。

市区低速行驶时耗气量少,气瓶在低压状态下基本满足发动机的需求,但上了高速行驶时需要充足的天然气,进气压力低导致供气不足,动力下降,严重时就会自动熄火,严重危及行车安全。

在充装不饱和的 LNG 液体后,客车气瓶内的压力会略有下降,因此针对不带自增压装置的车辆,尽量不要马上充装刚从槽罐车上卸下来的液化气,或停放一定时间让其汽化后再行驶。带自增压系统的客车,当气瓶压力较低时可打开增压系统增压,从而确保正常行驶时需要的供气量。

LNG 充装站在给车辆充装前必须将储罐内的 LNG 增压到饱和状态,保质保量做好供应服务。

案例9　汽化器水管结冰堵塞导致动力下降的故障

故障现象:2013年严冬时候,有一天气温达到-4～-6℃,杭州某客运公司在同一天发生两辆宇通LNG客车汽化器结霜冰冻现象,导致动力下降。一辆是更换了一台新的发动机后,运行中发现汽化器外表面全部结冰;另一辆驾驶员反映汽化器外部全部是结霜冰冻,但可以起动行驶,于是发班营运杭州—绍兴班线,行驶了100km后回到车站时,检查汽化器外面仍然结霜冰冻,动力不足。

分析排故:起动发动机,用手紧捏汽化器出水管没有压力感觉,说明汽化器进出口水管路发生冰冻堵塞现象。检查发动机水泵工作情况正常,检查散热器上下水管、冷却液液位和温度都正常,汽化器中的天然气管道也没有泄漏现象。故障显然是汽化器进出水管循环不畅,那是什么原因造成汽化器的热水循环出问题呢?

第一辆车是因发动机损坏更换了一台发动机总成后,重新加注了防冻液,之后打开气瓶出液阀,LNG液体流进汽化器,此时LNG在汽化器中汽化时大量吸收冷却液中的热量,为了提高稳压罐的压力,停留了一段时间,待压力表显示为0.7MPa时,驾驶员才起动发动机,此时其实汽化器的水路已经发生了冰冻堵塞现象,当发动机升温后又打开了暖风空调开关,发动机的冷却液大量地被水泵(暖风专用)泵入暖风空调系统,冷却液的热量主要用于空调供暖。汽化器进出水管路上没有单独的水泵,这一管路内的冷却液没有流动,没有热量足以融化已结冰的管路,所以会发生汽化器表面结霜,甚至行驶一定距离仍未能解冻水路的结冰。

第二辆车汽化器的结冰现象,分析是由于当天温度太低,驾驶员上班后马上起动发动机,快速运转,发动机没有升温预热,出液量较大,LNG反而从冷却液中吸收大量的热,而发动机冷却液温度提升缓慢,一下子造成汽化器内冷却液的温度下降,造成循环水路结冰堵塞,从而产生汽化器结霜结冰现象,动力下降。

排除汽化器中有LNG的渗漏故障,发生汽化器结霜结冰,进出水管路堵塞,修理工采取用热水浇注来解冻汽化器的办法,浇上热水慢慢解冻后再起动发动机,再检查汽化器进出水管有了温度和压力,说明水路已畅通,路试发动机动力恢复正常,故障排除。

上述故障告诫我们,发动机冷却系统内一定要加防冻液,不要随意加自来水,自来水不仅会增加水垢,腐蚀缸体水套、散热器和管路,其冰点低,易发生冰冻堵塞现象。

LNG发动机的低温预热升温措施必不可少,不仅是使发动机润滑油良好润滑,更是促使天然气的汽化,使发动机正常运转。在预热升温时,发动机冷却液温度达到40℃时缓慢起步行车。

案例 10 发动机突然故障灯亮,动力下降的故障

故障现象:2013 年的盛夏,持续高温,一辆青年 JNP6127 的 LNG 大客车,配置潍柴 WP10NG336E40 天然气 LNG 发动机。运行在杭州—安吉的班线,某日驾驶员在行驶途中,突然发生发动机故障灯亮,动力下降,车速降至 20km/h,驾驶员停车、熄火、检查、清除故障码后再起动,车辆又能恢复正常行驶,但行驶不到 1h,该车又出现上述突然降速现象。

分析排故:先检查气瓶和稳压器压力表,显示正常,供气系统无渗漏,汽化器工作正常。起动发动机,用计算机诊断仪读取故障码为 245,该代码表明进气温度传感器测量温度超过设定值。经查询,潍柴 LNG 天然气发动机进气最佳燃气温度约为 60℃,潍柴厂家初始设定温度上限为 65℃,当燃气温度超过 65℃时,ECU 发出指令,发动机功率下降至保护车速。时值 8 月高温期间,尤其是浙江去年面临 50 年一遇的高温天气,驾驶员反映发动机冷却液温度达到了上限位置,发动机面临严峻的高温考验。外观检查发现该车发动机舱通风窗风道设计不合理,为此与客车厂技术人员一起研讨,对发动机侧盖及后机盖的百叶窗进行整改,增强了空气流动,使发动机舱内温度下降。同时根据发动机厂的建议对计算机程序重新设定,设定温度上限为 70℃(进气温度太高会出现爆震),之后跟踪使用情况良好,故障排除。

由于天然气燃料的特殊性,发动机厂家为保护发动机,在 ECU 设置了进气温度保护参数,客车厂家在设计客车时要充分考虑车辆使用环境,优化设计,优化匹配,从而达到最佳使用效果。

案例 11 气瓶安全阀关闭不严产生连续排气的故障

故障现象:一辆停在汽车站内的 LNG 客车,车站保安人员在晚上巡查时发现客车后上部位不停地有白色气体排出,情况紧急,马上找修理工请求关闭排气阀,消除安全隐患。

分析排故:修理工到达现场后看到客车后端车项部在不停地排气,判明这是从一级安全阀的出气口处排出的天然气。首先关照保安人员设定了安全区,安全区内不能有明火、不能打手机。查看了气瓶压力表,压力表显示 1.10MPa。

该车因大雾天气原因,已停驶了一天,液化天然气瓶内压力也在不断升高,当压力达到一级安全阀打开压力时(一级安全阀设定打开压力:富瑞特装公司 1.91MPa,查特公司 1.93MPa),高压天然气顶开一级安全阀,经铜质导管向车尾上方排气,长时间连续排气说明一级安全阀打开后不能正常关闭,通常会有冰渣卡住阀芯现象,它不停向外排气。于是用温水浇注在一级安全阀上,使得冰渣融化后阀芯复位,自动关闭一级安全阀,天然气不再向外排气,故障排除。

LNG 是低温液体,它易蒸发、易泄漏、易爆震,液态汽化后体积膨胀 600 倍,因此,LNG 客车回场后不宜停放在封闭式停车场或修理车间,应选择通风阴凉、远离火源和热源之处,停车时,发动机应熄火、关闭电器总开关。

案例 12　火花塞间隙过大导致发动机动力下降

故障现象:一辆宇通 LNG 客车,配置潍柴 WP10 天然气发动机,该车行驶 12 万 km 后,驾驶员报修车辆在行驶过程中加速迟缓,动力明显下降,发动机故障灯不亮。

分析排故:起动发动机,用计算机检测无故障码显示。然后检查天然气气瓶各个连接点有无漏气,空气进气管连接正常,无漏气。气瓶和稳压罐压力表显示供气压力也正常。经询问驾驶员该车已行驶了 12 多万 km,但一直没有检查更换火花塞,于是拆下火花塞检查(图 6-3),发现火花塞间隙过大,检测火花塞间隙都超过了 0.40mm,并且火花塞电极有不同程度的烧蚀现象。更换了新的火花塞,动力明显提升,运转正常,故障排除。跟踪驾驶员了解情况,发动机动力恢复正常。

图 6-3　火花塞电极间隙检查

天然气发动机汽缸压缩比比传统汽油机要大一些,点火电压高,工作温度高,所以火花塞的使用寿命要比汽油机的要短。根据使用经验天然气发动机的火花塞使用寿命一般为 10 万 ~12 万 km。

案例 13　固定螺栓松引起发动机怠速不稳的故障

故障现象:一辆新的青年 LNG 客车只运营 10 多天,驾驶员报修发动机怠速不稳,发动机转速在 650 ~950r/min 来回波动,并且动力明显下降。

分析排故:先检查点火系统连接良好,再检查 LNG 燃料供给系统,气瓶内压力及稳压罐压力正常,汽化器没有发生结霜现象。起动发动机,加速运转检查供气管路情况,在供气管路各连接处喷洒肥皂液,观察是否渗漏,这时发现节气门处有漏气现象,原来是电子节气门固定螺栓松旷导致接口垫处漏气,工作中使得混合气变稀,发动机怠速不稳定。分析电子节气门的固定螺栓松旷原因,认为是发动机厂出厂时选用的固定螺栓长度不足,并且拧紧力度没达到要求,为此更换了四只稍长的螺栓。

发动机是一台复杂的机械,由几百个零部件组成。LNG 发动机是新产品,生产厂在设计时也会存在一些缺陷,这就需要在使用实践中反馈存在的问题,以便发动机制造企业及时改进。所以使用与维修人员不要片面认为新车一定没问题,对新产品更要跟踪其质量,从而促进客车的技术进步。

案例 14　活塞销卡簧脱落导致发动机汽缸体损坏

故障现象：一辆装配潍柴 LNG 天然气发动机的宇通客车，使用半年行驶了 10 万 km，一天驾驶员在高速公路上正常行驶，突然听到发动机有严重异响，估计是发动机损坏了，于是紧急靠右边将车停在硬路肩上，打开双跳灯，马上组织旅客疏散到高速公路护栏外面，并在客车后方 150m 开外处设置警示标志牌，然后报警并请求施救。

分析排故：客车抛锚后驾驶员应对处置迅速、安全、有序。打开发动机罩检查，发现汽缸体右侧已打破，拖回修理厂分析鉴定其原因。

拆卸发动机油底壳发现第四缸缸套、活塞连杆组件已损坏，再打开汽缸盖，解体第四缸部件，分析损坏的原因是因第四缸活塞销一端卡簧脱落，导致活塞销窜动撞击汽缸壁，先是拉伤汽缸壁，慢慢磨损后产生竖向沟槽，当有了沟槽后，活塞环不能很好地起到密封作用，压缩压力下降，该缸混合气的燃烧不完全，少量未完全燃烧的混合气排入排气管后发生二次燃烧，放炮现象就是二次燃烧的结果。此时只有一只缸工作不良，动力性下降，但仍可满足一般工况条件下行驶。

查阅维修档案记录，半个月之前驾驶员曾反映该车在四挡升五挡时发动机有放炮现象。发动机排气管放炮说明是点火正时失准或混合气燃烧不充分，分析查找发动机放炮的原因，首先检查点火系统，点火正时正常，点火线圈无漏电，检查火花塞良好。修理工多次检查没有找出原因，请求发动机厂的技术人员，也就是更换火花塞、高压线试试看，仍然没有结果。同时也用诊断计算机检测，读取进气压力数据表明系统正常，检查发动机进气压力传感器（MAP）线束、接插件完好，进排气歧管、中冷器。一直没有找到故障原因，认为不影响安全运行，所以让驾驶员继续运行，根据运行情况再作进一步检查。

汽缸体已打破损坏，尚在质保期内，所以与发动机厂家协商后更换了一台发动机总成。

大、中型客车大多采用发动机后置式结构，全封闭客车的密封性较好，又主要运行在高速公路上，当发动机发生异响时很难觉察，所以驾驶员不仅要加强对车辆的日常维护工作，在行驶中更要关注车辆机械性能的变化和异响、异味等异常情况，万一发生异常情况要及时停车检查，排除安全隐患后才可继续使用，否则可能造成重大机械事故，甚至危及行车安全。

案例 15　空气进气压力、温度传感器线束损坏的故障

故障现象：一辆青年 LNG 客车在正常行驶途中发动机故障灯亮起，驾驶员靠路边熄火后无法起动，断开总电源开关后再闭合，还是不能起动，只有等待施救。

分析排故：修理工首先检查发动机起动系统良好，气瓶压力表、稳压罐压力表显示正常,汽化器表面清洁,供气系统良好。检查电控单元线路正常,检查发动机时发现一线束悬挂在发动机排气管一侧,线束表皮烤焦损坏,铜线外露并粘连在一起,导线发生了短路现象,经查该线束是进气压力和温度传感器线束,这是因线束固定卡子脱落导致线束下垂,下垂的线束邻近排气管,高温的排气管长时间炙烤导线,从而发生线束损坏短路故障,短路后发动机无法起动。重新整理线束并固定,使线束远离高温区域,起动发动机运转正常。

图 6-4　进气压力和温度传感器线束固定实物图

该车两天前驾驶员报修过发动机声音异常,修理工检查是进排气歧管接口垫损坏,造成废气漏气产生异响,于是就更换了进排气歧管接口垫,发动机运转正常。但是修理工在修复后,没有将线束很好固定,之后检查同类型客车,线束的固定原厂设计时也存在缺陷(图 6-4)。隔热措施、线束的位置布局非常重要,因发动机舱内温度较高,尤其是接近排气管附近,高温烤会使导线表皮慢慢熔化,最终发生导线短路或断路现象。

案例 16　燃气滤芯堵塞引起发动机动力下降

故障现象:一辆宇通 LNG 客车,配置潍柴 WP10 天然气发动机,驾驶员报修车辆在行驶过程中发动机故障灯会亮,且发动机故障灯亮后,动力有所下降。

分析排故:发动机故障灯亮,用计算机诊断仪读取故障码为 431,431 表示天然气压力传感器压力低于设定值。检查气瓶压力表为 1.0MPa,稳压罐的压力表显示 0.8MPa,说明天然气进气压力已经足够了,各进气管连接正常,在供气管路连接部位喷洒肥皂液检漏,观察无渗漏点。该车已累计行驶 31 万 km,查阅维修档案,档案中记录该车在行驶到 15 万 km 时驾驶员报修动力下降,当时就更换了燃气滤芯,故障排除。于是就再次更换燃气滤芯,路试检验加速动力良好,第二天再询问驾驶员,反映发动机故障灯不亮、动力也好了。

换下的燃气滤芯,表面外观清洁,没有异常情况,但内芯的堵塞情况不得而知,一旦有严重堵塞时,发动机的动力性将受影响。所以定期更换燃气滤芯是燃气发动机的维护作业要求,根据使用与维修经验表明,LNG 燃气滤芯的更换周期以 10 万 km 为好(潍柴、玉柴厂推荐滤芯的更换周期都为 3 万 km)。

案例 17　打开客车暖风空调后,汽化器就会结霜的故障

故障现象:一辆青年 LNG 客车,配置潍柴天然气发动机,在浙江地区运行,该车暖风空调系统是利用发动机冷却液的热量，没有独立式加热空调。当进入深秋季节时，早上气温较低，驾驶员打开暖空调系统的水路开关，运行在高速公路上，汽化器表面就发生严重结霜现象(图 6-5)，发动机动力有明显下降，但无故障码。

分析排故：该车已行驶 12 万 km，一直正常行驶，使用暖风空调后发动机动力下降，检查后发现是汽化器结霜，严重时会结冰，没有使用暖风空调时都正常运行。汽化器是根据 LNG 低温液体特性，利用发动机冷却系统中的热能(发动机的正常工作温度是 85～95℃)将液态天然气完全汽化成气态天然气的部件。进入汽化器的是液态天然气，通过汽化器热交换后输出的是气态天然气。发动机正常工作后，从气瓶出口到汽化器进口的管路上有结霜是正常现象，如果汽化器出口处发生结霜、结冰现象，表明汽化器有故障了。

图 6-5　汽化器表面严重结霜

汽化器发生结霜、结冰的原因是：

(1)发动机水泵坏，冷却液不流动；

(2)汽化器内部渗漏，少量 LNG 液体流入水道；

(3)汽化器冷却液通道堵塞，冷却液流动太慢，加热不够。

检查发动机冷却系统工作正常，冷却液温度正常。汽化器进出水和进出液管路连接良好，再对汽化器进行泄漏检查，没有发现 LNG 泄漏。结合驾驶员的补充说明：没有使用暖风空调时，汽化器表面正常，在打开暖风空调时汽化器才会结霜、结冰现象，如果关闭暖风空调，汽化器上的冰、霜会慢慢融化。这说明汽化器的 LNG 进出和冷却液通道都是正常的。进一步检查发动机的出水口，其中汽缸体一侧的暖风空调与汽化器取水口位置相邻，汽化器取水口在上方，高于暖风空调取水口大约 20cm，暖风空调系统上单独有一只水泵，而汽化器的水路上是没有独立水泵。当暖风水泵开启时，发动机内部水压会下降，大部分热水被吸入暖风空调系统中，使得流向汽化器的热水大大减少，甚至停止流动，汽化器没有热源给天然气加热，使汽化器表面产生结霜结冰现象，天然气不能得到良好的汽化效果，从而使发动机动力下降。关闭暖风空调后，空调系统的水泵停止工作，汽化器的进出水流动正常，汽化效果良好，发动机运转正常。找到了问题原因之所在，就将暖风空调取水口与汽化器取水口位置互换一下试试，汽化器的取水口处于下部，当打开暖风空调时，仍然能保持一定量的发动机冷却液(热水)对汽化器循环加热，试验情况良好，故障终于排除。

案例 18　FMV(计量喷射阀)喷嘴过脏,发动机起动困难

故障现象:一辆配置潍柴 LNG 天然气发动机的客车,驾驶员反映发动机冷车时需要起动起动机 3～4 次才能起动,起动后先是怠速不稳,严重的有熄火现象,反复 2～3 次,然后发动机才能正常。

分析排故:该车主要是冷车难起动和怠速不稳的问题,热车后中、高速时行驶情况良好。检查气瓶压力表显示正常,外观检查供气系统和点火系统正常。询问了解该车已行驶 8 万 km,没有更换火花塞,也没有清洁 FMV 喷嘴,拆卸火花塞检测电极间隙正常(0.35 ±0.05)mm,火花塞电极截面良好。拆卸检查 FMV 喷嘴,发现 FMV 喷嘴过脏,在环境温度较低时,污物附着在喷嘴表面,产生一定阻力妨碍喷嘴开启。因此,按《喷嘴清洗规范》清洗 FMV,接入喷嘴清洗设备,使用诊断软件清洗,并更换了燃气滤芯,之后发动机起动正常,怠速运转平衡,故障排除。

案例 19　发动机气耗高的故障

故障现象:一辆装有潍柴 WP6 天然气发动机的客车,驾驶员反映近半个月来发动机气耗每百公里比原来要高 2kg。

分析排故:检查供气系统、点火系统工作正常,气瓶压力达到 0.8MPa。使用计算机诊断仪读取故障码是 312,对照维修资料,312 代码表示氧传感器有故障,可能的原因是氧传感器或传感器线路或 ECU 的故障。当 312 故障发生时,电控发动机无法进入闭环状态,因此客车行驶中气耗增加。

闭环:根据空燃比目标值和实际值(修正后的测量值)之间的差值,ECU 计算空燃比修正系数,然后对开环燃气喷气量进行修正,调整喷嘴脉冲宽度,使空燃比保持在目标值附近。

电控发动机在排气管上安装氧传感器,通过测量排气中氧的含量并将信号反馈至 ECU,ECU 根据反馈信号修订燃料喷射量。若氧传感器失效,电控发动机不能达到闭环工作状态,气耗必然升高。

检查氧传感器线路,发现连接线已断路,清洁后重新连接试车,发动机运转良好,跟踪气耗量情况,达到正常消耗量,故障排除。

案例 20　发动机窜气、漏油并且动力不足的故障

故障现象:有一辆厦门金龙 XMQ6119G2 型公交车,配玉柴 YC6G260N-30 LNG 天然气发动机,来修理厂报修发动机无动力、窜气严重、发动机漏机油严重。之前,该车已在其他维修厂维修过,多次更换气门室盖密封垫,只是暂时解决了漏机油问题,没有排除发动机窜气和动力差的问题,而且故障现象越来越严重。

分析排故:起动发动机,初步查看呼吸器出气口,冒大量蓝烟,拧开加机油口螺塞,有大量机油喷出,拔出机油标尺,从机油标尺孔也往外喷机油。疑是因活塞环断裂引起,燃气窜入曲轴箱,曲轴箱内压力增高,引起漏机油、喷机油和动力下降的故障。

先拆卸发动机油底壳检查,油底壳内发现有断裂的活塞环,一缸活塞在缸内可左右晃动,说明断裂的活塞环来自第一缸。进一步拆检发动机,一缸活塞已损坏,环槽内已无活塞环,环槽严重磨损,环槽宽度方向最大处磨损超过了 2mm;第二缸活塞中的第一道气环也已断裂,环槽烧蚀;一、二缸的缸套磨损损坏,其中一缸缸套严重磨损,其余几缸完好。再查看汽缸盖,发现一、二缸气门面偏低,并且在气门头部有机油沉积。但检查空气滤清器、中冷器、进排气歧管口等部件均清洁正常。

再仔细检查,发现进排气歧管在一缸部位的密封垫已冲破损坏。于是拆检进排气歧管,拆下进排气歧管,发现第一缸进气口积有大量的尘土,原来是密封垫损坏后,灰尘从此而入,第二缸进气口也有少量尘土,引发一缸、二缸的活塞、活塞环损坏,活塞、活塞环、缸套、气门杆等部件磨损的根源是进、排歧管密封垫损坏。

更换全套汽缸套、活塞、活塞环组件,更换一、二缸进、排气门及气门导管,更换一、二缸火花塞和进排气歧管垫,修复处理后发动机运转正常,驾驶员反馈发动机工作良好,动力恢复正常,半年多来一直悬而未决的故障终于排除。

之前的维修中没有更换过进、排气歧管密封垫,损坏部位是进气口处,外观检查时不易发现,排气口处密封良好,所以发动机也没有排气噪声。这一故障比较隐蔽,久而久之带病行驶,最终导致发动机损坏。汽车医生在接诊疑难故障时,一定要详细了解故障现象和故障的发展过程,综合分析产生的原因,一时没有排除的要跟踪检查,尽早排除,减少故障损失。

案例 21　水管管径太小导致汽化器结冰的故障

故障现象:一辆车型为厦门金龙 6117Y 营运客车,配置玉柴 YC6G260N-40 LNG 天然气发动机,驾驶员报修客车在行驶过程中出现加速无力的现象,并且发动机故障灯点亮报警。

分析排故:根据驾驶员的描述,首先连接计算机诊断仪检测故障码,读取的故障码是 1172 和 1163,查阅玉柴天然气发动机维修资料,1172 反映为电控调压器出口压力比预期低,1163 反映为自适应高。针对 1172 故障码分析其可能的原因有:

(1)气瓶压力过低;

(2)出液阀发卡;

(3)汽化器堵塞;

(4)稳压器失效;

(5)燃气滤清器及管路堵塞;

(6)发动机电控调压阀故障。

然后,首先检查气瓶液位量和气瓶压力,天然气液位显示正常,气瓶气压达到0.85MPa,满足发动机工作时天然气进气量的需求。其次检查储气罐压力表时,打开客车侧门发现整个汽化器外部结霜冰冻,并且从汽化器到燃气滤清器之间的管路外部也出现结霜现象,稳压罐压力表只有0.5MPa,由此可见是汽化器失效了。

检查发动机冷却液液位和冷却系统工作正常,行驶中冷却液温度表显示正常。分析判断可能是汽化器进出水管路堵塞或汽化器发生天然气渗漏。拆卸汽化器出水管,出水口有水流出,说明汽化器水管没有堵塞。检查汽化器的天然气管路的渗漏,拆卸汽化器进行试压检查,将汽化器水道灌满水至进出水管接口,封堵出气口,用压缩空气对进气口加压,进出水管处无冒泡现象,确认没有内漏现象。

再次进行分析梳理,起动发动机后对汽化器进气端和出气端的温差进行测量,两端相差6℃,又说明水是流动的,内部通畅。这时,我们又考虑是否循环水的流量不足,检查进出水管内径,测量橡胶水管内径为10mm,再查看汽化器上的两进出水管接头,测量其内径只有6mm,但水泵出水口接头内径却有8mm,这说明在汽化器接口处(6mm接头)产生了缩径,进入汽化器流体截面积减少了43%,在流速不变的情况下,循环的水流量也相应减少43%,使汽化器的汽化能力大大下降。对此,将汽化器上的水管进出口接头内径加大到8mm,安装完成后,进行试车,从此之后,汽化器无结霜、结冰现象了,车辆运行正常。连续跟踪了15天,驾驶员反映车辆行驶完全正常。

一个小小的接头,因设计时没有充分考虑到流量,造成了该车汽化器的冷却液管路缩径现象,冷却液流动不畅产生汽化器冰冻的故障。细节决定成败,这一案例告诫设计人员、维修技工在工作中要系统思考,掌握原理,从而发挥新技术的作用。

案例22　节气门损坏导致加减速不灵的故障

故障现象:有一辆厦门金龙LNG客车,配置玉柴发动机。驾驶员报修发动机加速困难,时好时坏,动力不稳定。

分析排故:首先进行路试检验,发动机故障灯点亮后,踩加速踏板无反应,减速停车关闭电门钥匙,再起动发动机,故障灯熄灭,踩加速踏板发动机转速正常。然后连接计算机诊断仪读取故障码是299,查阅维修资料299故障码解释是增压压力过低。清除故障码后,第一次踩加速踏板正常,增压压力(节气门前压力)达到23psi(psi为英制压力单位:磅/平方英寸,1MPa =1000kPa =145psi),松开加速踏板后再加速,增压压力就上不去了,只能停留在17psi。因此检查了空气滤清器、增压器、防喘振阀、废气旁通阀等,都属于正常,中冷器及管路也没有发现有漏气现象。再次复检仍没有发现异常情况。

重新检查数据流,查看加速踏板和节气门的开度。第一次踩加速踏板,节气门打开到 75% 后再回到 25% 位置就不动了,松开后再踩加速踏板,加速踏板位置只能到 25% ,怀疑故障点在节气门,重点对节气门进行检查。节气门开度可以用诊断仪进行测试,随即用诊断仪对节气门进行了测试,在测试状态下,第一次踩加速踏板,节气门能随加速踏板的开度变化而变化。松开加速踏板后,加速踏板回到原始位置,而节气门仍停留在 25% 的位置,经过多次测试,节气门开度始终保持 25% 。于是拆检节气门,发现节气门的阀门始终处于 1/4 开启位置,用手把节气门的阀门推到全开位置放开后,阀门不会自动回到 0 位,仍停留在 1/4 位置。问题终于找到,是节气门损坏后不能完全关闭,更换节气门总成故障现象消除。

案例 23　发动机起动困难的故障

故障现象:驾驶员报修一辆安装玉柴发动机的厦门金龙客车经常起动困难。车辆每次熄火后必须停留 5 ~ 6min 以后再起动,而且需要至少两次以上才能起动成功,如果是早上冷车时起动就更困难了,有时要 7 ~ 8 次才能起动。

分析排故:修理工首先连接故障诊断仪检测故障码,但显示的故障码并不影响发动机的起动。检查凸轮轴信号是否同步,采集数据记录的 4 次起动情况,依数据分析前面的 3 次不成功起动,凸轮轴信号是同步的,起动转速也达到了 150r/min 以上,检测蓄电池电压达到 26V,符合起动要求,检查火花塞没问题,电路正常。进一步检查供气气路,发现打开电门钥匙,检测到的电控调压器实际出气口压力与以前正常起动采集的数据做比较有较大差距,这是不正常的。

根据所检测到的数据分析,汽车熄火后马上就能起动,是因为电控调压器实际出气口压力上升没有那么快,符合起动时的混合气浓度,而过一段时间后再起动,起动时进入汽缸内的混合气浓度偏浓。但起动后汽车的动力性良好,因此排除稳压器(机械式)、电控调压器和混合器的故障,判定故障根源在低压电磁(切断)阀上。怀疑这个部件因线路短路引起常通电一直把气路打开,或者是内部阀芯卡滞,导致燃气气路常通。

对低压电磁(切断)阀进行检查,电磁线圈的外部良好,接线供电正常,但拆开内部检查时发现阀芯不见了,导致混合气过浓,原来这就是出现起动困难的罪魁祸首了。换上新的低压电磁(切断)阀件后起动,一次就能成功起动。原因是该车半个月前出现行驶中自动熄火现象,查明是低压电磁阀故障导致阀门关闭,因一时缺少配件,所以修理工先拆除了阀芯进行应急处理,电磁阀处于常通状态,混合气太浓,所以发生起动困难的故障。

案例 24　火花塞间隙过大导致发动机运转不稳的故障

故障现象:驾驶员报修一辆潍柴发动机的 LNG 客车动力不足,在四挡升五挡时,发动机转速提升很慢,有时甚至转速下降,驾驶员不得不换低挡行驶;而且发动机在 1500r/min 左右时,汽车有时要发抖,但当发动机转速上升至 1700r/min 以上后,发动机一切正常,这种故障现象在上桥和热车后表现更为频繁和突出。

分析排故:先检查气瓶及稳压罐的压力表显示都在 0.8MPa 以上,外观检查供气系统部件工作良好,询问驾驶员告之行驶中表压显示都是正常的。根据故障的描述及初步判断是发动机有断火现象。

用故障诊断仪采集数据(转速、进气歧管压力、氧传感器、加速踏板位置、电控调压器压力)进行分析,并结合片区服务工程师培训要点,分析问题可能会存在火花塞高频失火的现象,于是进行断缸测试,从断缸后各缸运行的数据(发动机转速、氧浓度)来看,并不存在明显差异,也就不能清晰判断哪只缸工作不好,于是拆检点火系统,从拆下来的高压线圈接柱来看,上面覆盖有薄薄的一层氧化物,而且六只火花塞,其中有三只电极间隙为 0.4mm,另外三只达到了 0.5mm,这个间隙已经超出了火花塞使用技术要求(0.35 ±0.05)mm 的要求,火花塞电极端面和绝缘体情况良好。

清洁所有点火线圈接柱的氧化层,用汽油清洗各火花塞电极,并将火花塞电极间隙调整到 0.35mm 装复,发动机运转正常。之后跟踪回访,反映这辆车没有出现动力不足现象。

火花塞在高温、高压、高电压的工况下使用,电极会被慢慢烧蚀损坏,绝缘体也会损坏,如产生漏电或点火不足时,发动机就不能正常点火燃烧做功。根据实际使用表明火花塞的使用寿命一般是 10 万 ~12 万 km。

安装火花塞的注意事项:

(1)用干净的布清除火花塞安装孔内的油污、水渍等赃物,保持缸盖上火花塞安装孔干燥、洁净;

(2)安装时不要让缸壁碰到外侧电极,以免改变火花塞间隙;

(3)火花塞电极间隙为(0.35 ±0.05)mm,侧电极与中心电极端面必须平行;

(4)火花塞的安装力矩是 20 ~25N · m,拧紧火花塞后,插入高压线,必须将高压线防污帽盖紧压套安装孔。

案例 25　新车经常发生发动机自动熄火的故障

故障现象:有一辆装有玉柴 LNG 发动机的金龙新客车,自新车使用以来,经常会自动熄火,熄火后马上起动总是无动于衷,每次熄火后要停 5min 后再起动才能行驶。自动熄火造成随时要停车,直接危及行车安全。

分析排故:接到驾驶员报修后,前往施救,可到现场后,又可以正常起动车辆,而且一切正常。后来,修理工跟车检查,在车辆正常行驶5km 左右,车辆又出现自动熄火现象,连接诊断仪,显示进气压力不足,查看气瓶压力表居然只有 0.40MPa,不符合发动机的进气压力要求。检查供气系统外观表面正常,检查气瓶出液截止阀,发现出液截止阀只开启了不足一圈,开度严重不足,原来是客车出厂时没有完全打开出液截止阀,当初驾驶员还以为是新车走合期的限速原因。用温水冲洗融化阀门上的积冰,然后慢慢将阀门全部打开,再回转 180°,查看压力表,气瓶压力慢慢上升,最后达到了 0.85MPa,起动发动机运转良好。再跟踪运行,一切正常,从此没有发生自动熄火的故障。

案例 26　汽化器内燃料管路损坏的故障

故障现象:一辆青年 LNG 客车,装配潍柴发动机和查特公司的车用气瓶,驾驶员报修汽化器外部有结霜现象,发动机动力下降。

分析排故:汽化器是根据低温液体特性,利用发动机冷却系统中的热能将液态天然气完全汽化成气态天然气的部件。LNG 专用装置中的汽化器是一种水浴式汽化器。为提高汽化器的汽化稳定性和汽化能力,其冷却液与 LNG 应采取顺流式布置,安装、维修水浴式汽化器时要注意其方向性。否则将造成汽化器工作不稳定,严重时会导致 LNG 管路堵塞,发动机无法正常运转。

进入汽化器的是液态天然气,通过汽化器热交换后变成气态天然气。发动机正常工作后,从气瓶出口到汽化器进口的管路上有结霜是正常现象。如果汽化器出口处发生结霜、结冰现象,表明汽化器有故障了。首先检查气瓶压力表为 0.8MPa,稳压罐压力表为 0.5MPa,可能的原因有冷却液不流动或热量不足,或是汽化器内的渗漏现象。再检查汽化器进出管路上的冷却液流动压力和温差,根据经验判断水路是正常的。要检查汽化器有否发生 LNG 泄漏,于是拆卸汽化器,把汽化器浸入水槽中,用压缩空气冲入天然气通道,观察到水道口有水泡上冒,可见是汽化器内发生了渗漏。查明原因后更换新的汽化器,客车故障完全排除。

案例 27　废气电磁阀损坏使发动机动力下降

故障现象:一辆 LNG 青年客车,行驶时突然动力下降,故障灯亮起,熄火停车消除故障码,再起动后动力恢复正常,没过多久,又发生了上述现象。

分析排故:先检查燃气压力表、供气系统和电气线路,外观检查结果一切正常。用计算机解码仪检测发动机显示故障码为 721,对照维修资料,721 故障码表明空气增压压力低于期望值。

产生 721 故障码可能的原因有：

(1)增压器故障；

(2)废气控制阀故障；

(3)进气管路漏气；

(4)废气控制阀电路故障。

采取逐项排除法,检查进气管路连接情况和废气控制阀电路均良好,没有漏气、漏电现象,拆卸气管检查增压器运转良好,说明废气控制阀有了故障,更换一只新的废气控制阀,试车情况良好,故障排除。

废气电磁阀的作用:废气控制阀与增压器的压力调节器连接,ECU 控制废气控制阀开关的占空比,调节压力调节器膜片压力,在一定压力范围内控制增压器废气放气阀的开度,从而达到控制发动机增压压力。当废气电磁阀打开后不能及时回位,在中小负荷时,增压压力达不到设定范围内,使得动力下降,废气电磁阀由于有时候能关闭,有时候不能关闭,所以行驶中会出现突然动力下降的故障。

案例 28　液位传感器弯管接头渗漏的故障

故障现象:一辆宇通 LNG 客车,装配潍柴发动机和查特公司的车用气瓶,驾驶员反映近来发动机动力有时略有下降感觉。

分析排故:先检查气瓶压力达到 0.80MPa,供气管路良好,气瓶出液截止阀及附近管件有结霜现象,也属正常,路试加速性能良好。询问驾驶员了解报警器有否报警,没有发生报警现象。在气瓶口的阀件、管路连接处喷洒肥皂液,停留 5min 后,结霜融化,检查中发现连接液位传感器的弯管接头上有轻微冒气(白色天然气),再仔细察看是弯管接头上有裂纹而产生的漏气,需要更换弯管接头。

图 6-6　液位传感器弯管接头实物图

弯管接头承受的压力不大,为什么会产生裂损呢？进一步检查其他同类车辆情况,一个月内先后查出有 12 只弯管接头(图 6-6)产生了裂损。这一情况及时反馈给气瓶生产厂,之后就更换不锈钢材质的接头,从此没有发生裂损现象了。分析其裂损的原因可能是零件管壁处太薄,强度不足;安装时拧得太紧;材料质量差不能胜任超低温液体的侵袭。

LNG 是超低温液体,最低温度达到约 -160℃,通常情况下 LNG 都处于 -100℃以下。金属材料在极低温度条件下时,会产生脆性断裂而失效的现象,抵抗这种超低温的特性,不锈钢材料优于铜质材料,铜质材料优于碳钢,因此通常采用不锈钢和铜或铜合金材料用来制造 LNG 液体的容器或管道部件。

更换弯管接头时的要求：

(1)采用加厚铜质接头或不锈钢接头；

(2)必须先排放气瓶内的压力天然气，严格执行安全操作规程；

(3)清洁螺纹接头的密封胶或生料带；

(4)使用专用密封胶布或生料带；

(5)力矩要求:30 ~40N · m。

案例 29　继电器损坏导致发动机起动困难的故障

故障现象：一辆装配潍柴 LNG 天然气发动机的客车，驾驶员报修有时无法正常起动，需要多次起动才能成功。

分析排故：首先检查气瓶供气压力，燃气压力达到 0.85MPa，供气管路连接良好。起动起动机，起动机工作正常，表明蓄电池及起动机都正常。检查发动机上的相关电路连接及外观正常。

打开点火开关后，进行发动机电控单元的自诊断，自诊断模式结束，故障灯熄灭，ECU 内没有存储故障。检查发动机熔断器盒，熔片完好正常。根据该发动机的电控原理图，熔断器盒内有三只继电器控制着 ECU 的电源输入及输出控制电信号，由于故障出现的现象为间断性，所以检查重点是电气线路上的连接可靠性，对点火线圈供电电路、燃气喷嘴控制电路及点火模块的供电控制电路分别进行分段测量其输出电压，检测过程中发现了点火线圈的供电电路中的控制继电器存在着有时不能正常吸合的现象，因而就会导致供电出现间断，使点火线圈初级电路上没有供电，当然就没有高压电产生，发动机就无法起动。更换可疑的继电器，多次起动检验，故障排除。

案例 30　下雨天发动机加速无力的故障

故障现象：一辆宇通客车，装配潍柴 LNG 天然气发动机，下雨天时客车会产生加速不力，升挡时车辆发抖现象，天晴时没有异常感觉。

分析排故：首先外观检查供气系统、点火系统正常，驾驶员反映行驶中气瓶压力表都稳定在 0.75MPa 以上，该车已行驶了 9 万 km，于是拆检火花塞，间隙及电极表面良好。天晴时没有故障，而下雨天就发生发动机加速无力的现象，可以排除供气系统和机械系统的问题，故障应该在点火系统方面。

进一步检查点火线圈及分火线，清洁、干燥、绝缘良好。打开左侧后车轮上部的电脑盒箱的门，线束汇聚在箱里(图 6-7)，检查中发现有灰尘，并且有水珠，电气设备最忌讳的就是水珠、灰尘和高温。下雨天加速无力的问题原因可能就是这些水珠和

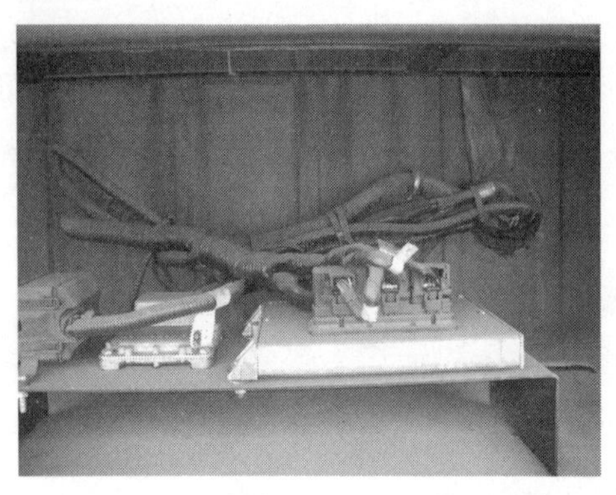

图 6-7 电脑盒箱实物图

灰尘,于是清洁了水珠和灰尘,并用一块毛巾先封堵空隙,路试检验,中、高速、加速反复测试发动机工作正常。故障原因是线束与侧板孔之间没有密封处理,较大的空隙使水渍和灰尘轻而易举地侵入,侵蚀后损坏电器部件,发生短路或断路的故障,而且也容易磨损线束留下隐患。于是用喷塑密封了线束与侧板之间的空隙,既起到密封作用,又保护了线束。

通常情况下客车厂会做好这种密封措施的,再检查其他同类型车辆的情况,其他 10 多辆客车的电脑盒箱子密封措施良好。唯独这一辆就留下隐患,不得而知,只能解释是生产线上的“三检”工作没有做好。客车是劳动密集型产品,优化生产工序,强化“三检”是确保客车质量的前提和保障。

案例 31 氧传感器损坏使得发动机动力下降

故障现象:一辆 LNG 客车,配载潍柴发动机,在行驶途中突然动力下降,发动机故障灯亮,气瓶压力正常。

分析排故:检测读取两个故障码 311、312,这两个故障码都是和氧传感器有关联,其原因可能是氧传感器电路故障、氧传感器损坏或 ECU 故障。

氧传感器是实现稀薄燃烧闭环空燃比控制的关键传感器,它把排气成分中氧浓度信号传给 ECU,ECU 判断混合气的实际空燃比相对于设定值是稀还是浓,并相应控制天然气喷射量的增减,从而修正空燃比。

检查氧传感器电路及 ECU 的连接,发现工作在高温状态下的三元催化器的附近,氧传感器的导线已经龟裂,与其连接塑料插接件也已经发生变形,导线的连接似有断路的现象。作了重新连接处理,又使用数字万用表测量氧传感器上输出的反馈信号电压,在加速踏板位置发生变化时,万用表上显示的数据基本不变,确认是氧传感器损坏。更换新件,消除故障码,试车检验发动机运转正常。

案例 32 气瓶端口经济调压阀处结霜严重的故障

故障现象:一辆安装潍柴 LNG 发动机和查特公司生产的气瓶的宇通客车,气瓶端口经济调压阀处结霜严重,行驶过程中气瓶压力时高时低不稳定。

分析排故:检查气瓶压力表显示为 0.8MPa,气瓶端口经济调压阀处结霜严重,起动发动机正常行驶进行路试检验,发现气瓶压力无法稳定在设定值,停车检查供气管路没有泄漏现象。用温水融化经济调压阀上的冰霜,然后再调整经济调压阀下部的调节螺栓没有效果,确认是经济调压阀损坏,于是更换了新的经济调压阀,故障现象排除。

经济调压阀的作用:当气瓶压力大于经济调压阀设定压力 0.86MPa 时,经济调压阀打开,优先使用气瓶内的气体,降低气瓶压力,从而减少气瓶内的天然气超压排放而浪费燃料。

更换或重新安装经济调压阀的操作步骤:

(1)首先确认气瓶的液位处于比较低的位置(最高不得超过瓶体的 1/2);

(2)在安全区域将气瓶内的燃气压力完全排空;

(3)先将 U 形铜管以及安装在经济调压阀上的 90°弯头拆下;

(4)拆下经济调压阀,更换经济调压阀或在管线上重新缠绕生料带重新安装;

(5)增压或加液后做检漏处理。

案例 33 增压调压阀损坏的故障

故障现象:有一辆宇通 LNG 客车,装配潍柴发动机和查特公司的车用气瓶,驾驶员反映该车气瓶压力低,动力较差。

分析排故:检查气瓶压力只有 0.48MPa,较正常使用要求偏低。该车配置自增压系统,打开自增压系统气相阀和出液阀,增压管路出液口部位上产生了结霜现象,说明增压管路中有 LNG 液体通过并吸热汽化,松开增压阀锁紧螺母后,顺时针转动螺杆,过了 30min,气瓶压力没有变化,说明增压调压阀损坏,更换新的增压调压阀,并调整增压压力,气瓶压力达到 0.80MPa,之后发动机动力明显增加,运转稳定。

增压调压阀的作用:因 LNG 产地不同,其甲烷成分的含量不同,其沸点和汽化率都存在差异,或是充装站储罐内的 LNG 没有达到饱和状态直接给车用气瓶充装,会发生汽化率较低的情况,导致发动机总是供气不足,运行不稳的现象。对此有的气瓶生产厂家增设了一套自增压系统(选装),在气瓶外部设置有一个增压汽化器,增压汽化器是空温式汽化器,利用空气中的热量给管道中的 LNG 加热汽化,汽化后的天然气体积膨胀产生压力使天然气进入气瓶,促进气瓶内的气压提升,达到自动增压的作用。而增压调压阀是控制自增压系统的增压作用,稳定气瓶内的压力达到理想状态,从而保障充足压力给发动机供气。

增压调压阀的调整方法:设计设定压力为 0.8MPa,先打开增压系统的气相阀和出液阀,再调整增压阀。松开增压阀锁紧螺母,按顺时针拧转螺杆压力升高(一圈压力升高为 0.2MPa);反之则降低。调整过程是边调整边观察,通常是需要多次调整才能达到理想效果,调整完毕拧紧锁紧螺母。

案例 34 燃料计量阀喷嘴漏气导致发动机自动熄火

故障现象:一辆潍柴 LNG 发动机的客车,在运行过程中发动机会自行熄火,重新起动发动机，发动机无法起动，停置30min左右后，发动机又能起动。

分析排故：先是外观检查气瓶压力、供气系统、点火系统正常。用肥皂液检查渗漏情况，发现燃料计量阀喷嘴处出现气泡，进一步检查是燃料计量阀喷嘴漏气。燃料计量阀喷嘴漏气，导致混合气浓度失调，发动机就会产生熄火现象。

更换燃料计量阀后，故障排除。

案例35　发动机踩加速踏板，动力无变化的故障

故障现象：一辆青年6127的LNG天然气客车，装配潍柴发动机，行驶中发生故障灯点亮，此时踩加速踏板，动力无变化。

分析排故：检查气瓶压力正常，供气系统、点火系统工作良好。使用计算机诊断仪检测读取故障码是964和432，对照维修资料，其中964码表示喷射阀对电压短路故障，432码对应的是行车制动器常闭故障。根据使用说明书的电路图，分析964喷射阀对电路短路故障，找到J1C9这根线，断开J1C9这根线，踩加速踏板可以提升发动机转速。于是顺着J1C9这根线走向，找到一个加速踏板控制继电器，检查继电器触点，触点粘连。更换一只新的继电器并消除故障码，此时制动信号异常情况消失了，但还是有964码。检查喷射阀（喷射阀类似于汽油车的喷油嘴，系统中有12个喷射阀，喷射阀全部装在一起），每个喷射阀的线束都是有字号区分的，但因出厂前喷涂油漆时把字号覆盖了，已分不清字号。根据电路图的说明查找发动机ECU引脚，拔下ECU插头，用万用表逐个测量喷射阀电阻，当检测到第四只喷射阀时，万用表上显示的电阻为0Ω（喷射阀正常的电阻为9.2Ω），说明第四只喷射阀出现了短路，更换第四只喷射阀，故障排除。

案例36　发动机起动后又马上自动熄火的故障

故障现象：一辆装有玉柴LNG燃气发动机的客车，发动机起动后不超过10s就自动熄火，无法运行。

分析排故：外观检查供气系统、点火系统连接正常，气瓶压力显示正常，起动系统工作良好。使用玉柴燃气发动机专用检测计算机检测，读取故障码是685，对照维修资料，685故障码表示电源继电器线圈开路。查看玉柴气体发动机的电控系统电路图，仔细分析，电源继电器线圈开路应该是ECU的供电继电器及其控制回路的连接上存在断路现象。首先拆下继电器，对继电器的控制线圈进行测量电阻，万用表上显示的电阻为280Ω（正常值为250～300Ω）。再检查并且测量继电器插座连接到ECU之间的连线导通情况，发现安装在蓄电池箱上方的继电器插座及连线有被水渍、灰尘侵蚀的现象，分离插接件检查，电控系统的供电回路的导线连接铜质接触片都不同程度产生了氧化腐蚀，存在接触电阻增大引起导电不良的现象。因此重新更换新的连接导电插片，并做好防尘防水处理，起动发动机，运转正常，重复几次起动运转检测，一切正常，故障排除。

案例 37　电子节气门故障导致发动机怠速不稳

故障现象：一辆潍柴 LNG 天然气发动机客车，驾驶员报修该车发动机怠速不稳并且转速偏高，发动机在 750 ~ 900r/min 来回波动。

分析排故：检查燃气压力表显示正常，检查发动机进气管路没有漏气的地方，检查点火系统工作良好。

发动机怠速由 ECU 通过电子节气门的开度大小进行控制。采用检测计算机对电子节气门进行测试，测试模式中得到的反馈信号总是跳动的不稳定数据，节气门的开度位置没有随着加速踏板的位置发生同步变化，因此初步判定是电子节气门故障。拆下的电子节气门仔细检查，发现节气门的内部存有明显的黑色油污，且黏附在节气门的蝶阀上及转动轴上，严重影响了蝶阀的转动，有卡滞的现象。在发动机怠速时电子节气门的开度就不能稳定在怠速的目标值上，因而导致怠速不稳的故障。

更换电子节气门后试验，发动机的怠速基本上就稳定在了 650r/min 左右，发动机运行恢复正常。

案例 38　打开双跳警告灯时怠速不稳的故障

故障现象：一辆宇通 ZK6127 的 LNG 客车在低速行驶中，当放松加速踏板，打开双跳警告灯开关时，发动机的怠速不稳定，转速表指针在 400 ~ 650r/min 摆动。

故障诊断：连接诊断计算机检测故障，没有出现故障码。由于本车采用的是欧科佳 CAN 总线系统模块，从而进入仪表诊断界面，当打开双跳警告灯时，发动机故障指示灯点亮。查阅全车电路图，发动机电控单元的供电电源是受欧科佳后模块控制，测量后模块供电电压值正常。但是当打开双跳警告灯时，发现在后模块负极端有信号电压导入，使它的搭铁电位升高（正常值应是 0V），导致发动机的怠速不稳定。由此可见，该搭铁线回路上存在接触不良的现象。进一步检查，发现底盘变速器位置上，后尾灯搭铁线的接插片已经严重锈蚀，导致不能形成良好的电流回路，从而造成开双跳警告灯，增加了用电负荷时，电控发动机出现怠速不稳的故障。

清理并更换了后尾灯线束插头及导电铜片，重新固定包扎好线束，试车后一切正常。

案例 39　燃料计量阀连接不良导致发动机动力不足的故障

故障现象：一辆配置了潍柴 LNG 发动机的新客车，驾驶员报修该车动力不足。

分析排故：检查气瓶压力正常，外观检查燃气供气和空气进气系统正常。打开点火开关,进入自诊断检测模式,无故障码显示,分别断缸检测各缸的高压点火情况都正常。根据发动机的电控原理,仔细分析故障点可能在燃料计量阀,于是检查发动机的燃料计量阀的喷嘴线束。当检查燃料计量阀上的连接电缆的插接件时,发现其中有两组连线有松动的现象。起动发动机,使用数字万用表测试这两组线束均有电压控制信号输出,排除 ECU 及线束上的连接故障。清洁、紧固、安装已松动的插件,路试检验,发动机动力输出正常,故障排除。

案例 40　挂倒挡时发动机会熄火的故障

故障现象:一辆安装潍柴 LNG 天然气发动机的宇通客车,驾驶员报修:当挂入倒挡时,运转的发动机会突然熄火。

分析排故:起动发动机在怠速运转,挂入倒挡后运转的发动机莫明其妙地熄火了。关闭点火开关,空挡时又能正常起动,挂前进挡正常向前行驶,ECU 中无存储故障码。连接潍柴 LNG 发动机专用检测计算机,检测界面上各传感器的工作参数都正常,没有异常现象。根据故障现象,再仔细阅读 LNG 发动机及全车电路原理图,分析故障原因可能在电控发动机与底盘的组合线束(十六芯线束)上,检查中发现线束中间的共用搭铁线的连接插件已被腐蚀,出现了严重的氧化生锈现象,使供电回路产生接触不良,导通能力大大下降。当挂入倒挡时,增加了用电设备,因发动机 ECU 的搭铁回路不正常造成发动机熄火的现象。清理线束上导致接触不良的插件,重新连接。路试检验,故障排除。

案例 41　点火系统故障导致发动机加速或中、高速时动力不足

故障现象:一辆装配潍柴 LNG 发动机的客车,在怠速运转时,发动机工作正常,但在加速或中、高速时,加速踏板踩到底,发动机的转速也只有 1400r/min,表现为动力不足现象。

分析排故:检查气瓶供气压力正常。使用车载自诊断模式读取故障码为 311,对照维修资料,311 故障码为氧传感器故障,其可能的原因有:

(1)氧传感器故障;

(2)ECU 故障;

(3)氧传感器线路短路或断路。

氧传感器通过测量废气中氧含量来决定提供给发动机燃气量是否正确,ECU 利用该信息,通过闭环因子和自适应因子来校正燃气量。311 故障码表明发动机的燃气量供给不正确,也可能当汽缸内的燃气燃烧不尽时也可能使氧传感器上测试出的反馈信号与 ECU 中原始数据发生偏差,但关联反映实际情况为动力不足,则还是可能与相关的点火系统有关。

通过对各缸上的点火进行断缸测试,发现其中有一组高压线与火花塞处的防水防尘胶套已裂损,拆下胶套,接柱表面有水渍、锈蚀现象。这是因为裂损的胶套不能起到很好的密封作用,湿润的空气及灰尘乘虚而入,引起高压线接柱发生锈蚀。再检查该缸的火花塞又发现其间隙已达0.8mm(其火花塞间隙的正常值为0.35mm±0.05mm),说明该缸点火较差,工作不良,使发动机在中、高速时输出的动力明显不足。

更换该缸高压线,并调整火花塞间隙,路试检验,故障排除。

案例42 转速传感器故障导致发动机起动困难

故障现象:一辆装配潍柴LNG发动机的客车,有一天发动机无法起动,要求修理工到停车场去抢修。

分析排故:修理工先询问客车故障情况,驾驶员补充说明该车之前一直是有起动困难的现象,可今天就是不能起动了。检查供气系统、蓄电池电压、起动机均正常;检查供电线路熔片良好,控制电路连接可靠。打开点火开关,自检诊断结束后,故障灯熄灭,ECU内没有故障码储存。

查阅维修资料分析,潍柴LNG发动机在起动起动机带动发动机的转速达到100r/min以上时,凸轮轴转速传感器上产生的有效感应电压信号被ECU接收以后,就会使点火线圈、喷嘴线圈、控制阀/点火模块/传感器等供电继电器的控制回路建立,以上供电的继电器才能正常吸合,此时发动机就能正常起动。因此在确保发动机正常起动,排除供气系统和机械原因外,电子控制系统关键点是凸轮轴正时转速传感器的脉冲信号的可靠性,当它产生的转速感应脉冲电压小于临界值时,就不能使各个供电继电器都正常吸合,当然也就可能没有高压电产生。

于是拆检转速传感器,发现在磁性探头上黏附有铁屑,导致正常的安装间隙发生改变,从而不能正常产生转速脉冲信号电压输入到ECU,那么它也就不能输出控制供电继电器的低电位电压,当然此时用于供电的继电器就不会闭合,在点火线圈的初级电压也就没有供给,也就无法产生高压电,因此无法起动。

清除铁屑与污垢,重新安装传感器,发动机正常起动,故障排除。

案例43 火花塞不良导致发动机加速或高速运转时抖动

故障现象:一辆装配了潍柴LNG发动机的客车,在行驶中,当需要急加速或高速行驶时,会出现发动机抖动现象,动力输出不平稳。

分析排故:根据驾驶员的故障描述,首先外观检查供气系统和点火系统的连接情况一切正常,供气压力稳定。使用LNG车用检测计算机检测,出现故障的情况是间歇性,且只有在大功率时出现的频率尤其要高,通过故障码的读取为721,查阅维

修资料,721 故障码表示是废气涡轮增压压力低于期望值。其可能的原因有:

(1)增压器故障;

(2)废气控制阀故障;

(3)进气管路连接上有漏气;

(4)废气控制阀的控制电路有故障。

反复检查了增压进气系统无异常,说明燃气和空气供给系统一切正常。

高速时运转不稳定,说明发动机高速时有断火现象。可能的关联原因在点火系统上的高压线与火花塞两方面都可能存在故障。天然气发动机的火花塞一般使用寿命是 10 万 km 左右,查阅维修档案,该车已行驶超过了 20 万 km,但没有更换过火花塞,因此先拆检火花塞,发现有 2 只火花塞间隙达到 0.6mm,超过了(0.35 ±0.05)mm使用技术要求,并且其电极已经是严重烧蚀,为此更换了两只新的火花塞,清洁、调整了其他四只火花塞后,装车使用,起动发动机,路试检验一切正常。

由此,出现动力输出不稳定的原因就是火花塞的失火现象引起。涡轮增压器工作的动力来自排气歧管的废气气压,当排气不正常时就会出现不连续增压的异常现象,故在增压传感器上反映出了波动的信号电压,产生了 721 的代码,这就是原因之所在。

案例 44　发动机动力有时不足的故障

故障现象:一辆配置了潍柴 LNG 发动机的客车,在颠簸路面上行驶时,有时会出现动力不足的情况,停车后,重新起动一切正常。

分析排故:首先检查供气系统正常,压力稳定。打开点火开关,进入自检诊断模式,故障灯点亮,自检故障码为 911,对照维修资料,911 故障码表示的是点火线圈开路故障。因为是间歇性的故障,因此查看分析电路原理图,对点火线圈供电的初级回路控制电路相关的连接插件进行检查,发现连接点火线圈的两组接插件有松动现象,插件松动后接触不良,造成了高压点火有时丢失,引起发动机动力不足。清洁、紧固后重新安装插件,确保它们可靠连接,路试检验,一切恢复正常。

电器插件的安装质量及防水性能至关重要,因此在电器维修时必须要确保插件连接可靠,并做好防水、防尘工作,提高一次修复率,确保维修质量。

案例 45　中、高速时发动机运转无力的故障

故障现象:一辆安装潍柴 LNG 发动机的客车,驾驶员报修中、高速时发动机运转无力的故障。

分析排故:首先检查气瓶供气压力达到 0.85MPa,燃气供应系统正常。打开点火开关,通过自诊断模式得到 ECU 内存储故障码为 341,对照潍柴燃气发动机的维修资料,341 故障码表述为进气歧管压力传感器信号电压低故障。可能的原因有:

(1)进气压力传感器;

(2)ECU 故障;

(3)线束及其连接情况。

检查空气增压系统,从空气滤清器到增压器再到空气中冷器,顺着空气流动方向,在燃气混合器前的一只橡胶直角弯管上发现了一条纵向裂纹,原来是这一橡胶直角弯管产生了漏气。于是更换了定型的橡胶弯管,并清洁、检查、紧固 ECU 的连接电路及其他相关的传感器导线插件。路试检验,发动机恢复正常。

由于废气增压系统管路的破裂,增压后的高压空气大量泄漏,供给发动机燃烧的空气压力低于设定限值,造成加速或中、高速时进气增压压力不足,引起发动机的运转无力。

案例 46　发动机有时加速无反应的故障

故障现象:一辆安装潍柴 WP10-LNG 发动机的客车,在颠簸路面上行驶,当故障灯点亮时,会出现加速无反应的现象。

分析排故:检查气瓶压力和高压点火系统正常。通过自诊断功能,读取故障码为 791。查阅维修资料,791 故障码表明怠速确认开关电压低,产生该故障的可能原因有:

(1)加速踏板接线不良;

(2)加速踏板与 ECU;

(3)车辆线束及其相互连接的情况。

于是仔细检查相关的连线、插件状况,发现 ECU 同车辆连接的过桥线束的插件松动,插孔插件上面的导电铜片变形使其弹性下降,插件接触不良使线路中传递的传感器电信号不稳定。更换新件并作紧固包扎,使之可靠接触导电,清除故障码,车辆行驶恢复正常。

案例 47　发动机怠速不稳,加速无力的故障

故障现象:一辆配置潍柴 WP10-LNG 发动机的客车,发动机怠速运转不稳,加速时总感觉动力不足的现象。

分析排故:首先检查气瓶燃气压力正常,检查供气系统正常,检查空气增压管路和增压器的连接也都正常。然后再检查点火系统,测试低压供电良好,接插件连接可靠。逐缸检查高压分火线,在检测第三缸时发现了有时无高压电产生,从而使第三缸失火。进一步仔细检查,终于发现第三缸的点火线圈的初级低压供电插座的钢丝卡箍失效,使插件连接松动,因此导致发动机在运转时第三缸工作不稳定。发动机怠速不稳,加速无力就是因插件连接松动,第三缸工作不良。

更换失效的点火线圈初级低压供电插座。试车检验,发动机运转稳定,跟踪了解,发动机恢复正常。

案例 48 气耗增加,上坡动力不足的故障

故障现象:一辆装配潍柴 LNG 发动机的客车,驾驶员报修该车近期耗气量比以前明显增加,每天(约 550km 行程)要多加气 6 ~ 8kg,并且在上坡时感到动力明显不足,需要频繁减挡才行,发动机的故障灯时有时无地会亮。

分析排故:外观检查供气系统、安全阀都正常,发动机机械系统和冷却系统良好。打开点火开关,通过自诊断模式检测到故障码为 431 与 751,查阅发动机的维修资料,故障码的含义是:431 表示天然气压力传感器压力低于设定值;751 表示喷射阀占空比高。

当发动机大负荷时应需要更多的进气量,喷射阀的通电时间会延长,以确保燃气的供应。根据故障码分析,在天然气压力低于设定值时,说明燃气供气量不足,可能会是 LNG 汽化不良或燃气滤芯堵塞。先检查气瓶压力,发现表上示数为 0.6MPa,已略低于正常 0.7 ~0.9MPa 的压力值。再进一步检查气瓶总成,发现气瓶自增压出液阀阀门开启量很小,导致增压不足,气瓶压力达不到技术要求。仔细调整增压系统使其良好工作,并更换了燃气滤清器。路试检验,动力恢复正常,跟踪车况,燃气消耗回归正常。

751 的故障码为喷射阀占空比高,它往往会伴随着 431 一同出现;当供气压力不足,在加速踏板深踩时刻,发动机此时需要的是强劲的动力输出,那么喷射阀的开启时间就会相应地增加,进气量会比原来的正常值提高,也就体现出燃气的消耗增加。

案例 49 客车行驶中,踩踏加速踏板,发动机转速有时没反映

故障现象:一辆装配潍柴 LNG 发动机的宇通客车,在行驶中驾驶员踩踏加速踏板,发动机转速有时没反映,故障警告灯会亮起。

分析排故:外观检查供气系统正常。使用车载的自诊断模式检测读取故障码,显示的故障码分别是 431、341 和 791。查阅潍柴天然气发动机的维修资料,故障码分别代表的含义是:

431:天然气压力传感器压力低;

341:进气歧管压力传感器电压低;

791:怠速确认开关电压低。

再仔细分析潍柴天然气发动机的电控原理图,起动发动机运转,发现在不踩加速踏板时,发动机怠速运转正常,但是在行车当中,仪表板上的故障灯有时会亮。又观察气瓶压力表上数据在标准内,供气系统正常,初步判断在电路连接上存在故障。检查天然气压力传感器与歧管压力传感器的线束固定可靠,没有出现磨损与搭铁现象,再检查加速踏板的连接电路,发现固定于驾驶员转向盘下方车架上的连接加速踏板的线束上的扎带有松动。进一步检查其中有两根导线的保护层已损坏，有的导线铜芯已外露，在行车时，随加速踏板的上、下运动引起偶发线路搭铁短路现象。这是因为扎带松动后使线束与车架产生相对摩擦，久而久之，线束外皮磨破后产生了搭铁现象，从而会使发动机加速无反映。重新包扎处理故障点，紧固线束，路试检验，发动机恢复正常。

由于上述传感器的信号电控线束共用一根电源线，因此当加速踏板上的连接线短路时，会同时显示其他相关电器元件的故障码。

案例50　用心例检，排除客车气瓶固定钢带断裂隐患

根据营运车辆管理规定，营运客车回场后每天必须到修理厂进行检查，以排除机械隐患，确保良好的客车技术状况。

LNG燃料气瓶是一个圆柱体，直径达550～660mm，它是通过两根钢带固定在气瓶托架上，钢带紧箍着气瓶，防止气瓶前后移动和转动。车用气瓶充装LNG后，气瓶总质量为400～500kg。物体的惯性与质量成正比（惯性是物体抵抗其运动状态被改变的性质。物体的惯性可以用其质量来衡量，质量越大、惯性也越大）。所以客车在高速行驶时，气瓶具有很大的惯性。如果钢带一有松旷，客车在行驶中因起步、加速、制动这样频繁工作过程中，钢带将承受更大的冲击负荷，严重影响供气系统的安全性和车辆行驶的平稳性，存在重大安全隐患。

气瓶钢带宽约为100mm，厚度约2mm，由不锈钢材料加工而成，两端弯曲加工后产生应力，在长期的振动中，两端容易产生疲劳损坏，严重的就发生断裂。

某一天修理工在检查气瓶固定钢带时发现了钢带有断裂现象（图6-8），因此全面排查所有LNG客车气瓶钢带的状况，发现10多辆客车的钢带有不同程度的断裂。特约服务站立即将这一情况反馈给了生产厂家，这批钢带存在质量问题，根据质量三包原则，厂家召回了这一批次的气瓶钢带，立即给予更换处理，消除了安全隐患。

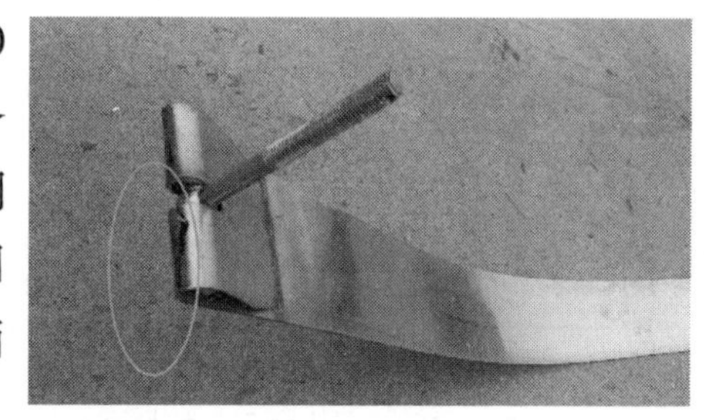

图6-8　气瓶固定钢带断头开裂

严格执行营运车辆“定期检查、强制维护、视情修理”的维修原则是确保良好的车辆技术状况的前提，也是促进技术与经济相结合的保障。营运车辆每天回场检查工作很平凡，但是每天用心、专心做好检查工作就是不平凡。

参考文献

[1] 金柏正. 客车维修问答与经典案例分析[M]. 北京:人民交通出版社,2011.

[2] 贺永德. 天然气应用技术手册[M]. 北京:化学工业出版社,2010.

[3] 顾安忠. 液化天然气技术手册[M]. 北京:机械工业出版社,2010.